W0387318

Ulrike Lange / Gisela Könemund

Das Kasperlebuch

Für Mutti

„Das verschwundene Geburtstagsgeschenk" (Seite 34–41) wurde gemeinsam von Ulrike Lange und Ursula Lietz verfasst, deshalb erscheint das Stück auch in dem Buch „Kasperletheater" von Ursula Lietz, Falken Verlag GmbH.

MIX
Aus verantwortungsvollen Quellen
FSC® C114500
FSC www.fsc.org

Bibliografische Information Der Deutschen Bibliothek

Die Deutsch Bibliothek verzeichnet diese Publikation in der Deutschen Nationalbibliografie, detaillierte bibliografische Daten sind im Internet über *http://dnb.ddb.de* abrufbar.

8 7 6 17

© 1987, 2002, 2007 Ravensburger Buchverlag Otto Maier GmbH
Postfach 1860 · 88188 Ravensburg

Alle Rechte, auch die des auszugsweisen Nachdrucks, der fotomechanischen Wiedergabe und der Übersetzung, vorbehalten

Umschlaggestaltung: Dirk Lieb
Umschlagfoto: F1 ONLINE
Konzeption: Gisela Walter
Redaktion: Susanne Wahl

Printed in Germany

ISBN 978-3-473-55632-8

www.ravensburger.de

Ulrike Lange

Das Kasperlebuch

Spielstücke
und viele praktische Tipps

Illustriert von Gisela Könemund

Ravensburger Buchverlag

Inhalt

1. Kasperle ist wieder da

1.1 Tritratrallalla, Kasperle ist wieder da

(Wie ein Kasperlespiel beginnt)

Der Beginn des Spieles kann unterschiedlich gestaltet werden, es sollte aber in jedem Fall mit dem Kasper beginnen. Hierzu einige Anregungen:

- Kasper begrüßt die Kinder und stellt das Stück vor.
- Kasper begrüßt die Kinder und geht auf den besonderen Anlass des Spieles ein, zum Beispiel Sommerfest, Kindergeburtstag.
- Kasper zieht den Vorhang mithilfe der Kinder auf. Alle rufen: „Hau-ruck, hau-ruck …!"
- Er läutet das Spiel mit einer Glocke ein, die er dann wegstellt.
- Er zieht zuerst die eine Seite des Vorhangs auf, dann die andere. Inzwischen ist die erste Seite von selbst wieder zugegangen usw., bis er es schließlich geschafft hat.
- Kasper guckt vorsichtig über den Bühnenrand und die Kinder sollen raten, wer es ist.
- Mit einem lustigen Lied oder Reim betritt er die Bühne.
- Er guckt vergnügt um die Ecke, versteckt sich hier und da, traut sich nicht so recht auf die Bühne – und zeigt sich schließlich doch ganz, nachdem die Kinder ihn gerufen haben.
- Die Kaspermelodie ertönt, der Kasper singt: „Trullalla, trullalla, Kasperle ist wieder da, trullalla, trullalla, Kasperle ist da. – Guten Tag, ihr lieben Kinder!"
- Der Kasper macht sich hinter dem Vorhang bemerkbar, man hört zuerst nur seine Stimme.
- Er kommt vor dem Vorhang auf die Bühne, und der Vorhang wird, während der Kasper spricht, weggezogen.
- Der Puppenspieler kommt mit dem Kasper am Arm zur Tür herein, spricht kurz mit den Kindern und schlüpft dann in das Kasperhaus.

1.2 Kinder, seid ihr alle da?

(Wie man Kinder in das Spiel einbezieht)

Die Kinder sollen während des Spiels mitdenken, mithelfen, eine Aufgabe bekommen. Das erreicht man, indem man zum Beispiel Fragen an die Kinder richtet. Sie können Vorschläge machen, ihre Erfahrungen weitergeben, wenn der Kasper zum Beispiel einen Gegenstand falsch benennt, oder sie können aufpassen, rufen, dem Kasper bei der Suche helfen.
Eine Handpuppe kann die Kinder begrüßen und gleich etwas fragen, zum Beispiel so:
„Guten Tag. Ich bin die Gretel. Hach, ich bin nun schon den ganzen Tag unterwegs. Oje! Nun habe ich mich verlaufen. Kannst du mir sagen, wie ich von hier nach … komme?“

1.3 Kasper singt gern

(Wie man Lieder und Reime im Spiel einsetzt)

Reime oder Lieder kann man auswendig lernen oder mit einem „Spickzettel“ am Kaspertheater befestigen. Wenn Sie eine Melodie nicht kennen, versuchen Sie einfach, das Lied nach einer x-beliebigen Melodie zu singen. Erfinden Sie eine „Fantasiemelodie“ dazu und singen Sie einfach drauflos. Singen Sie ruhig falsch – es ist ja der Kasper, der so singt! Dies wird auf die Kinder sogar lustig und belebend wirken, wenn der Kasper nicht alles perfekt macht.
Wollen Sie das Lied überhaupt nicht singen, können Sie es den Kasper auch als Reim sprechen lassen. Sie sind der Regisseur! Verändern Sie das Stück unbekümmert so, wie es Ihnen gefällt.

1.4 Jetzt habe ich den Text vergessen!

(Wie man mit Spieltexten umgeht)

Wenn Sie die Spieltexte direkt übernehmen wollen, dann gibt es dafür verschiedene Möglichkeiten:
Sie können das Kaspertheater so aufstellen, dass innen eine Ablagemöglichkeit für das Buch ist, zum Beispiel ein kleiner Tisch in der Mitte. So haben Sie die Möglichkeit, den Text direkt abzulesen. Besser ist es natürlich, wenn Sie sich beim Spiel nicht wortwörtlich an den Text halten und nur ab und zu einen Blick ins Buch werfen. Wer sich zu sehr auf den Text konzentriert, vergisst leicht, die Puppen zu bewegen. Auch können Sie besser auf die Kinder eingehen, wenn Sie sich nicht stur an das vorgegebene Spiel halten.
Man kann den Text auch auswendig lernen. Lesen Sie ihn, sooft es Ihnen möglich ist. Möglichst auch laut und mit verschiedenen Stimmen.
Vielleicht haben Sie auch die Möglichkeit, den Text auf Kassette zu sprechen. Dadurch können Sie den Text immer wieder anhören und zugleich kontrollieren, ob Sie laut und langsam genug reden.
Auch bei dieser Methode kommt es nicht auf eine exakte Wiedergabe des Textes an, sondern darauf, dass Sie sich den Inhalt des Stückes gut einprägen.
Eine andere Möglichkeit ist die, dass eine Person als Sprecher im Hintergrund agiert und vom Buch abliest, während der Spieler die Puppen passend zum Text auf der Bühne bewegt.
Bewährt hat sich auch der „Spickzettel“: Man heftet einen Zettel mit Stichworten zum Spielverlauf so an das Kaspertheater, dass der Spieler während des Spiels daraufschauen kann.
Wenn Sie noch unsicher im Spielen sind, lernen Sie vor allem die Lieder oder Reime auswendig.

1.5 Kasperle, pass auf!

(Welche Themen für Kinder geeignet sind)

Wenn Sie den Kindern ein Stück vorspielen, sollten Sie ihr Alter beachten!

Zwei- bis dreijährige Kinder:
Sie brauchen kein regelrechtes Stück, denn sie können Zusammenhänge oft noch nicht erfassen, und ein „richtiges" Spiel wirkt auf sie eher langweilig. Besser ist, der Kasper unterhält sich einfach mit den Kindern, führt Alltagsgegenstände vor, die den Kindern vertraut sind, oder er stellt andere Puppen vor.
Die Kinder haben in ihm einen Gesprächspartner, der sie zum Sprechen ermutigt und mit dem sie vorhandenes Wissen austauschen und sogar neues erwerben können, zum Beispiel: Woher kommt die Milch? Wo wachsen Kartoffeln? Was frisst ein Hamster? Die Kinder können dem Kasper auch ihre Erlebnisse erzählen und somit besser verarbeiten und mit Kaspers Hilfe eventuelle Probleme aufarbeiten.

Ältere Kindergartenkinder:
Stücke mit durchgehender Handlung und Aktion sind jetzt gefragt. Doch auch hier ist zu beachten, dass Sie nur Stücke spielen, die aus der Erfahrungswelt der Kinder kommen.

Schulkinder:
Eltern und Kinder können sich selber zusammen Stücke ausdenken und spielen. Der erste Schritt dazu könnte sein: Der Kasper ist in eine Situation gekommen, in der er Hilfe braucht. Gemeinsam mit den Zuschauern sucht er nun nach einem Ausweg. Erwünscht ist, dass die Kinder eigene Gedanken, Gefühle und Sorgen mit einbeziehen. Aber ganz falsch wäre es, wenn der Kasper als pädagogischer Alleskönner eingesetzt würde, vor allem dann, wenn die Eltern mit ihrer Erziehung nicht weiterkommen. Der Kasper sollte nicht als „moralischer Zeigefinger" fungieren, sonst könnte es sein, dass die Kinder das Zutrauen zu ihm verlieren.

2. Kasperle und seine Freunde

2.1 Welchen Kasper nehmen wir?

(Handpuppen, gekauft oder selbst gemacht?)

Kasperlepuppen gibt es aus unterschiedlichen Materialien. Man kann sie kaufen, aber auch selber herstellen.

Es gibt Puppen mit Plastikkopf:
Sie sind verhältnismäßig preiswert. Man muss darauf achten, dass der Kopf nicht zu locker auf der Kleidung sitzt. Wenn Kinder selbst damit spielen, sind sie leicht geschockt, wenn der Kopf rollt, weil das Gummiband am Hals des Kleides ausgeleiert ist.

Puppen mit Holzköpfen:
Hier gibt es runde und eckige Gesichter. Was besser gefällt, ist Geschmacksache.

Stoffpuppen:
Tiere sind meistens aus Plüsch. Sie wirken durch dieses weiche Material knuddelig, das gefällt den Kindern.

Kasperlepuppen aus Pappmaschee:
Die Köpfe der Spielfiguren können mit Kleister und Zeitungspapier selbst hergestellt werden. Schön ist es, wenn die Kinder sie basteln oder dabei helfen. Dann haben sie beim Spiel einen besonderen Bezug zu den Puppen.

Kochlöffelpuppen:
Einfach einem Kochlöffel ein lustiges Gesicht aufmalen, Haare aus Wolle ankleben und ein „Gewand" aus einem Stoffrest oder Krepppapier anfertigen.
Diese Stockpuppe eignet sich besonders zu einem Stegreifspiel. Wenn Sie zu Hause Lust bekommen, den Kindern ein Kasperlespiel vorzuspielen, aber nicht genügend Figuren vorhanden sind, können Sie so Ihren Bestand leicht ergänzen.

Dies sind nur einige Beispiele der verschiedenen Puppenarten. Ihr Vorhaben, selbst ein Puppenspiel aufzuführen, sollte nicht an der Tatsache scheitern, dass sie zu wenig Puppen zur Verfügung haben. Die oben genannten Beispiele zeigen, dass es nicht unbedingt aufwändiger und perfekt verarbeiteter Puppen bedarf, um zum Spiel zu gelangen. Ich möchte Ihnen Mut machen, mit dem anzufangen, was Sie haben.

Welche Puppen sind üblich?
Figuren aus dem täglichen Leben: Großmutter, Seppel, Polizist, Gretel …
Figuren aus dem fantastischen Bereich: Hexe, Zauberer, Krokodil, Wolf …
Geraten Sie nicht in die Versuchung, möglichst viele Figuren pro Spiel zu verwenden. Es ist für Sie als Spieler anstrengend, dauernd die Stimme zu verstellen oder die Figuren zu wechseln. Und auf die Kinder wirkt es verwirrend. Beginnen Sie als „Anfänger" mit zwei Puppen. Wenn Sie später ein wenig Erfahrung haben, können Sie auch ein Spiel mit drei und mehr Figuren ausprobieren.

2.2 Der Räuber fehlt!

(Wie man Puppen verkleiden kann)

Wenn man nicht genügend Puppen zur Verfügung hat, kann man eine Figur auch zu einer anderen „umfunktionieren". Möchten Sie ein Stück mit dem Räuber aufführen, haben aber keinen Räuber bei Ihren Spielpuppen, so können Sie eine andere Figur einfach als Räuber „verkleiden".

Für eine Verkleidung eignet sich vor allem eine Figur ohne besondere Merkmale. Es ist zum Beispiel kaum möglich, den Kasper für etwas anderes einzusetzen, weil die Kinder ihn sofort an seiner Zipfelmütze und der langen Nase als Kasper erkennen.

So einfach ist die Verkleidung des Räubers: Mit beidseitig klebendem Tesaband die Augenbrauen und das Kinn überkleben und aus Watte oder kleinen Wollstückchen neue, buschige Augenbrauen und einen Bart aufdrücken. Strubbelige, zerzauste Haare werden aus Wolle oder Filz gebastelt und auch mit Tesaband befestigt oder an den Hut genäht. Auf das Gewand mit ein paar groben Stichen kleine Stofffetzen aufnähen, sodass es aussieht, als wäre das Kleid geflickt. Schon ist der Räuber fertig!

2.3 Drei Puppen und ein Spieler

(Wie man allein mit mehreren Puppen spielt)

Ein Stück, in dem drei Puppen gleichzeitig auf der Bühne zu sehen sind, kann man auch allein spielen.

Überlegen Sie sich eine Möglichkeit, das Stück so zu verändern, dass nur zwei Figuren notwendig sind. Man kann zum Beispiel eine Puppe aus dem Hintergrund sprechen lassen, die Zuschauer sehen sie also nicht. Man kann auch eine Puppe in ein Haus gehen lassen, aus dem sie – nicht sichtbar – spricht.

Oder zwei Puppen bewegen sich, die dritte steht daneben und ist einfach auf einen Stock oder eine Flasche aufgesetzt.

2.4 Kasper links, Seppel rechts

(Vorbereitungen hinter der Bühne)

Alle notwendigen Puppen werden vor dem Spiel hinter der Bühne zurechtgelegt. Wenn zwei Puppenspieler mitmachen, kommen auf die rechte Seite die Puppen für den rechten Spieler und auf die linke Seite die für den linken Spieler. Vor dem Spiel wird überlegt, welche Puppen zusammen auftreten, zum Beispiel Kasper und Hexe. Dann ist es sinnvoll, wenn der eine Spieler den Kasper und der andere die Hexe spielt und nicht einer beide. So werden Stimmen und Arme nicht zu sehr strapaziert.

Hat man auf diese Weise herausgefunden, wer welche Figuren spielt, verteilt man in der gleichen Art die Requisiten. Auch sie werden griffbereit hinter der Bühne zurechtgelegt. Ein Handzettel mit Stichworten zum Verlauf der Handlung wird an die Bühnenwand geheftet. Die Zuschauer sollen diesen Spickzettel nicht unbedingt sehen.

Wenn der Text abgelesen wird, kann man die Namen der Figuren, die man selber spricht, farbig unterstreichen. So findet jeder seinen Text rasch wieder, wenn er sich einmal verhaspelt hat.

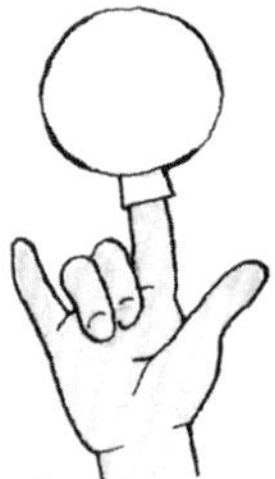

2.5 Kasperle wirkt ganz echt

(Wie man die Puppen richtig bewegt)

Es gibt zwei Arten, Handpuppen zu halten. Richtige Puppenspieler spielen mit Zeigefinger, Daumen und kleinem Finger. Einfacher und üblicher ist es jedoch, die Puppe mit Zeigefinger, Daumen und Mittelfinger zu halten.
Probieren Sie am besten beide Arten aus und entscheiden Sie für sich selbst, mit welcher Technik Sie besser zurechtkommen.

Grundregeln für die Haltung der Puppen:
Bewegen Sie nur die Puppe, die gerade spricht. Achten Sie darauf, dass die Puppe nicht ständig nur mit dem Kopf nickt. Dies geschieht meistens, wenn man das Stück abliest, weil man sich zu sehr auf den Text und weniger auf das Spiel konzentriert. Versuchen Sie deshalb frei zu sprechen und den Text nur als „roten Faden" zu behalten.

Hier ein paar Tipps für typische Gesten:

- Puppe erschrickt – schlägt beide Hände vor dem Kopf zusammen und beugt sich nach hinten.
- Puppe lacht – Arme ausstrecken, Kopf hin und her bewegen, fast hüpfen.
- Puppe ist besorgt – Kopf hängen lassen.
- Puppe weint – beugt sich tief nach unten und zuckt bei jedem Schluchzer.

Sie können die Bewegungen, die Sie mir Ihrer Figur vollführen, vor dem Spiegel proben. Dann können Sie sich und Ihr Spiel selbst kontrollieren und sicherer werden.

2.6 Die Hexe krächzt, der Räuber brummt

(Wie die Puppen richtig sprechen)

Jede Figur hat ihren eigenen Charakter, der auch durch die Stimme zum Ausdruck gebracht wird. Die Hexe krächzt, der Räuber brummt, der Polizist hat eher eine barsche Stimme. Versuchen Sie herauszufinden, in welcher Stimmlage Sie sich am sichersten fühlen. Fällt es Ihnen zum Beispiel schwer, hoch zu sprechen, würde es Ihnen keinen Spaß machen, die Prinzessin zu spielen. Wenn Sie Lust bekommen, verschiedene Tonlagen auszuprobieren und Ihre Stimme zu verändern, werden Sie bald feststellen, welche Rollen Ihnen liegen. Sprechen Sie Ihren Text auf Kassette, hören Sie alles an, so werden Sie selbst feststellen, welche Stimmlage gut wirkt. Das Verstellen der Stimme erfordert etwas Konzentration und Übung. Übertreiben Sie dabei nicht zu sehr, sonst hört es sich überdreht, schrill und eher komisch an.

Reden Sie langsam, überdeutlich und laut! Vergessen Sie das nie! Ein Tipp dazu: Wenn Sie Ihre Sprache fast als übertrieben empfinden, dann ist es für die Zuschauer gerade richtig. Wer etwas aufgeregt oder „Spielanfänger" ist, der neigt dazu, viel zu schnell zu reden.

Legen Sie Sprechpausen ein!

Verschlucken Sie keine Silben und Endungen.

Reden Sie möglichst nicht nach unten, zum Beispiel beim Ablesen, sondern nach vorn – zu den Zuschauern!

Bedenken Sie, dass die Kulisse oder Theaterwand Ihre Stimme etwas verschluckt.

3. Kasperle im Kasperhaus

3.1 Ich kann gar nichts sehen!

(Wie die Kinder beim Spiel am besten sitzen)

Nun haben Sie eine Menge über die Puppen und das Spielen selbst erfahren. Damit Ihr Spiel bei den Kindern gut ankommt, ist es aber auch sehr wichtig, wie die Kinder vor dem Kaspertheater sitzen.
Sie können die Sitzgelegenheiten benutzen, die der Raum bietet, also Bänke, Stühle, Decken oder Matten. Wichtig ist, dass die kleinen Kinder vorn und die größeren hinten sitzen. Wenn sie in Stuhlreihen sitzen, achten Sie darauf, dass die Stühle versetzt stehen.
Wenn die Kinder nicht gut sehen können, entsteht schnell Unruhe. Beachten Sie auch, dass die Kinder nicht zu weit außen sitzen, damit sie sowohl die Puppen als auch den Hintergrund im richtigen Blickwinkel sehen. Lassen Sie – wenn es möglich ist – die Kinder eng zusammensitzen, zum Beispiel auf Matten oder Kissen. Das schafft eine gemütliche und „kuschelige" Atmosphäre. Die Kinder rücken gern eng zusammen, wenn es spannend wird.
Wichtig ist auch, dass während des Spiels kein reges Treiben herrscht, indem zum Beispiel Erwachsene oder Kinder im Zimmer ständig ein- und ausgehen. Das lenkt die Kinder ab und strengt die Spieler sehr an, weil sie wegen der entstehenden Unruhe lauter reden müssen.
Lassen Sie also, wenn Sie in einem geschlossenen Raum spielen, die Tür während des Spiels immer zu. Wenn Sie Ihr Spiel im Freien aufführen, bitten Sie vorher die Zuschauer, während des ganzen Spiels auf den Plätzen zu bleiben und nicht miteinander zu reden.

3.2 Wo steckt das Kasperle?

(Was man alles als Kaspertheater nehmen kann)

Um ein Kasperlestück vorzuspielen, benötigt man nicht unbedingt ein gekauftes Theater mit richtigem Vorhang und Dach. Man kann auch ganz ohne Bühne spielen, ein Stück Stoff am Türrahmen befestigen oder eine Schnur spannen und eine Decke darüber werfen – im Nu entsteht eine Bühne zum Spielen.

- Als Bühne eignet sich auch ein umgedrehter Tisch, ein Schränkchen oder eine Anrichte, auf der man die Puppen spielen lässt.
- Natürlich können Sie sich auch Ihr eigenes Kaspertheater basteln: aus einem großen Karton oder aus Holz.
- Auch eine Stuhllehne kann zur Bühne werden. Oder ein Schreibtisch, eine Sofalehne … Es eignet sich alles, was eine ebene Linie bildet und etwa in Augenhöhe der Kinder ist.

Der Spieler muss sich hinter der Bühne wohlfühlen. Wenn er sich beispielsweise so verrenken muss, dass er spätestens nach zehn Minuten einen Krampf in den Arm bekommt, wird ihm das Spielen nicht lange Spaß machen.

Falls dies möglich ist, sollte der Spieler im Stehen spielen. So hat er die Möglichkeit, sich ungezwungen und locker zu bewegen. Wenn er auf einem Stuhl sitzt, ist darauf zu achten, dass sein Kopf für die Zuschauer nicht sichtbar ist. Er muss so sitzen, dass er beim Spielen den Arm nicht zu hoch strecken muss.

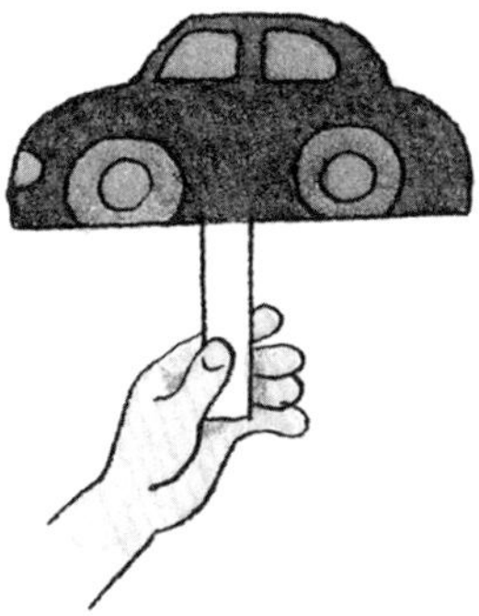

Tri-tra-
trallalla ...

3.3 Ein prächtiges Königsschloss

(Wie man einfache Kulissen bastelt)

Ein Kulissenbild ist schön, aber nicht unbedingt erforderlich. Zu viele Details lenken vom Spielgeschehen ab. Ein neutraler Vorhang reicht als Hintergrund. Die Kinder entwickeln genügend Fantasie, sich das „Umfeld" vorzustellen, in dem die Puppen auftreten.
Wer dennoch ein Bild für den Hintergrund haben möchte, malt am besten einen Wald und ein Märchenschloss. Auch ein Bild von einem Dorf, einer Stadt oder der Einblick in ein Haus ist geeignet. Oft wechselt die Handlung und somit auch das Kulissenbild vom realen zum irrealen Bereich. In diesem Fall sind farbige Flächen auch passend.
Ein altes weißes Bettlaken können Sie vielfältig als Hintergrund verwenden. Befestigen Sie es am Theater, setzen Sie sich wie ein Zuschauer davor und markieren Sie den Ausschnitt, den die Kinder tatsächlich als Hintergrund sehen. Beachten Sie dabei auch, dass Kinder einen anderen Blickwinkel haben, wenn sie vor dem Theater sitzen.
Nun können Sie den markierten Ausschnitt entweder bemalen, zum Beispiel mit Wasserfarbe, oder Bäume und Ähnliches aus Pappe oder Papier ausschneiden und auf das Laken kleben. Wenn Sie alles mit Stecknadeln feststecken, hat dies den Vorteil, dass Sie das Laken öfter für verschiedene Bilder verwenden können.
Ein bemalter oder beklebter Bogen Tonpapier kann ebenso als Kulisse dienen.
Eine Drehkulisse ist auch ganz praktisch. Dazu befestigt man eine Tapetenrolle an zwei dicken Stäben. Wenn man beispielsweise zuerst Wald als Hintergrundbild zeigen möchte, dann ist nur dieses Bild zwischen den beiden Stäben sichtbar. Der Rest bleibt aufgerollt. Als nächstes Hintergrundbild wäre ein Schloss notwendig. Dann dreht man die Rolle ein Stück weiter, bis der Wald aufgewickelt und das Schloss sichtbar ist.
Die Requisiten brauchen in der Größe nicht zu den Puppen zu passen. Oft genügen die Dinge, die Sie in Ihrem Haushalt finden, zum Beispiel Kochlöffel, Blumen, Buch, usw.

Requisiten können normal groß sein.

Ausschnitt markieren und den Bereich dann bemalen.

Drehkulisse

3.4 Hört, gleich kommt das Krokodil

(Wie Musik wirkungsvoll eingesetzt wird)

Sehr wirkungsvoll und in den Stücken deshalb gern verwendet sind die Orff'schen Instrumente wie Triangel, Glöckchen, Zimbeln, Klangstäbe, Rasseln u.a.

Haben Sie so etwas nicht zur Verfügung, eignen sich auch Ihre „Kücheninstrumente", zum Beispiel: zwei Topfdeckel oder Löffel gegeneinanderschlagen, mit Löffel ein Glas anschlagen, mit Kochlöffeln auf Eimer oder Schüsseln trommeln, Reis in Dose füllen und damit rasseln.

Probieren Sie aus, was Sie für geeignet halten.

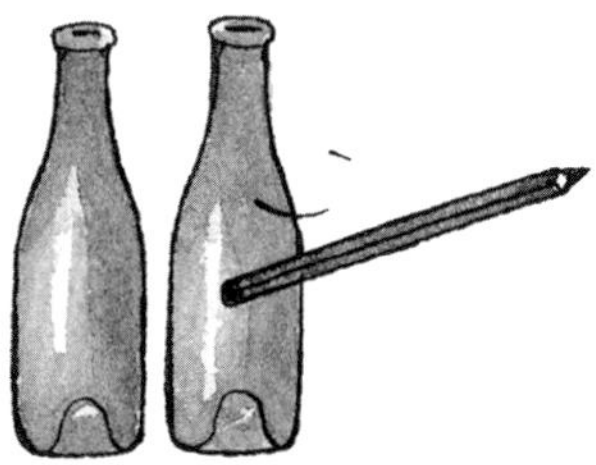

Immer wenn eine bestimmte Figur im Spiel auftaucht, könnte ein „Instrument" erklingen. Es erschallt zum Beispiel ein dumpfer Donnerschlag, wenn der Zauberer auf die Bühne kommt. Das erhöht die Aufmerksamkeit der Kinder. Hilfreich ist es, wenn Sie als „Tontechniker" eine Person haben, die im Hintergrund oder vorn bei den Zuschauern sitzt. Sie können auch einige Kinder dafür einsetzen.

Sogar auf Kassette können Sie Ihre Musik aufnehmen, zum Beispiel Waldmusik, die Sie mit den Kindern zusammen erfinden. Diese Musik lassen Sie bei Ihrem Kasperlespiel einfach wieder ablaufen.

Als Vorspiel könnten sie mit den Kindern gemeinsam eine Klangmusik mit Orff'schen Instrumenten oder Küchengeräten spielen. Das macht den Kindern großen Spaß. Wenn die Kinder schon etwas älter sind, könnten sie immer dann, wenn der Vorhang zugeht, einen einfachen Rhythmus mit Klanghölzern spielen.

Spielt jemand die Instrumente während der Aufführung, ist es notwendig, dass er das Stück kennt und wenigstens einmal mit Ihnen geprobt hat.

3.5 Geheimnisvolle Farben im Zauberwald

(Wie mit Beleuchtung das Spiel spannender wird)

Die Konzentration der Kinder wird durch die richtige Beleuchtung gefördert. Ihre Aufmerksamkeit wird besser auf das Spiel gerichtet, wenn das Licht nur auf die Puppen fällt. Also möglichst den Raum abdunkeln.

Mit je einem Spotstrahl rechts und links vom Theater hat man die Möglichkeit, die Bühne seitlich anzustrahlen. Auch einfache Stehlampen kurz vor oder hinter der Bühne erfüllen diesen Zweck, wenn der Lampenschirm nicht zu viel Licht schluckt.

Wandert zum Beispiel der Kasper durch den dunklen Zauberwald, steigt die Spannung der Zuschauer, wenn sie eine kurze Weile nichts sehen. Nur der Mond könnte zwischen den Bäumen hervorlugen. Das ist eine Taschenlampe, die mit geringem Abstand von hinten gegen den Hintergrund gehalten wird. Man kann die Szenerie auch ganz romantisch in farbiges Licht tauchen. Dazu stellt man einen Strahler so hinter das Theater, dass die Bühne voll ausgeleuchtet ist. Nun brauchen Sie nur noch farbiges Transparentpapier in geringem Abstand vor den Strahler zu halten. Es eignen sich kräftige Farben wie Rot, Blau oder Grün.

4. Kasperle ist der beste Freund

4.1 Sag, was hast du denn?

(Warum die Kinder zum Kasper mehr Vertrauen haben)

Auch beim gelenkten Spiel mit einem vorgegebenen Handlungsverlauf hat der Akteur die Möglichkeit, auf die Zuschauer einzugehen und das Stück leicht abzuwandeln. Er darf nur den roten Faden nicht verlieren. Wenn er merkt, dass er durch das Gespräch mit den Kindern zu sehr vom Thema abweicht, muss er spielerisch wieder dorthin zurückgelangen, da sonst die Spannung verloren geht und die Kinder unaufmerksam werden. Der Kasper kann zum Beispiel sagen: „So, Kinder, nun müsst ihr aber wieder ganz leise sein, damit der Räuber uns nicht hört. Psst ..."

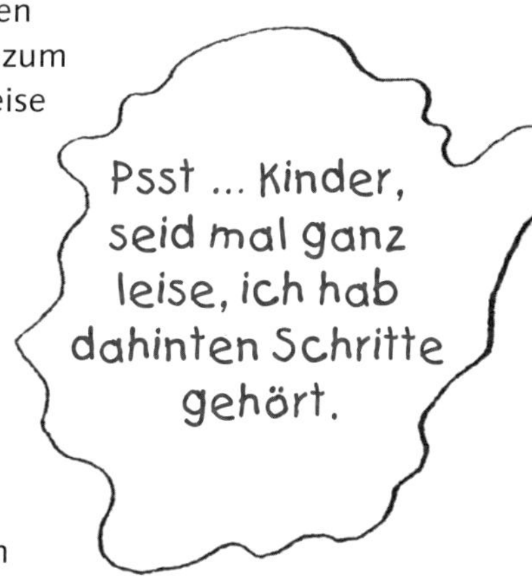

Wenn die Puppe selbst dazu ermahnt, fassen die Kinder es nicht als Zurechtweisung auf. Es gehört für sie zum Spielgeschehen.
Die Ruhe ist genauso ein Miteinbeziehen des Publikums. Man kann dadurch Spannung erzeugen, zum Beispiel so: „Psst, Kinder, seid mal ganz still. Ich glaube, dahinten habe ich Schritte gehört ..." Oder so: „Bei drei ruft ihr mal alle ganz laut den Kasper!"
Beim ungelenkten Spiel ist es am besten möglich, sich mit den Zuschauern zu unterhalten. Da kein Thema vorgegeben ist, ist der Spieler offener für die Antworten der Kinder. Das ungelenkte Spiel ist aber auch schwieriger. Es erfordert ein bisschen Übung vom Puppenspieler. Er darf nicht plötzlich verstummen oder unsicher werden. Auch muss er durch geschickte Fragestellungen und Aussagen die Kinder dazu bringen, dass sie beim Spielgeschehen mitmachen. Das geht zum Beispiel so:

Kasper: Na Kinder, seid ihr alle gesund aus den Ferien zurück? Wo wart ihr denn? Was habt ihr denn da gemacht? *(Kinder erzählen)*
Moment, Moment! Nicht alle durcheinander. Du da, in dem gelben Pullover. Wie heißt du denn? *(Kind nennt seinen Namen)* Aha, also Sabine. Erzähl du mal als Erste, was du erlebt hast. Und wir anderen hören zu. *(Kind erzählt)*

Aha, am Meer warst du. Kinder, habt ihr auch schon mal so tolle Muscheln am Strand gefunden? *(Kinder erzählen)* Was gibt's denn sonst noch am Meer? *(die Kinder erzählen und der Kasper ergänzt bei Bedarf)* usw.

Es ist ratsam, sich auch für das ungelenkte Spiel ein Ziel zu setzen, zum Beispiel Erfahrungsaustausch, Wissensvermittlung, Aufarbeiten von Urlaubserlebnissen, Fantasieanregung.
Man könnte solch ein Gespräch auch ohne Kasperlepuppe führen. Aber ein Kind, das sich vielleicht vor etwas ängstigt, wird seine Sorgen eher dem Kasper anvertrauen als der Mutter oder der Erzieherin im Kindergarten.
Der Kasper versteht sie besser, weil er selbst ein Kind ist. Die Kinder wenden sich vertrauensvoll an ihn und lassen sich gern von ihm helfen, beraten und trösten. Er gehört ja nicht zu den Erwachsenen, die die Welt der Kinder oft nicht verstehen.
Das Kasperlespiel ist nicht nur so zu verstehen, dass man einer Gruppe von Kindern etwas vorspielt. Wenn eine Mutter zum Beispiel spürt, dass ihr Kind irgendwelche Sorgen hat, die es aber der Mutter nicht anvertrauen will, sollte sie versuchen, den Kasper als Ansprechpartner dazuzuholen. Das Kind wird dem Kasper eher anvertrauen, was es bedrückt – und so auch indirekt der Mutter. Von dem Moment an, in dem das Kind mit der Kasperlefigur spricht, wird das Gespräch zum Spiel und ein Kind hat weniger Hemmungen, sich zu äußern.

Um mit den Kindern ins Gespräch zu kommen, ist es manchmal vorteilhafter, wenn der Akteur ohne Bühne spielt. Er kann dann die Kinder besser beobachten und sich auf sie einstellen. Die Befürchtung, dass die Kinder dem Spiel nicht mehr so gut folgen, weil sie sehen, dass „ihr Kasper" von einem Erwachsenen geführt wird, ist unbegründet.
Das Kind vergisst während des Spiels das ganze Umfeld. Es weiß zwar, dass die Puppen nicht echt, nicht lebendig sind, aber im Augenblick des Spiels werden sie für die Kinder Wirklichkeit. Beim Puppenspiel ist der Kasper der Held, mit dem die Kinder sich identifizieren und mutig allen Gefahren ins Auge sehen. Es spielt also keine Rolle für die Kinder, wenn sie sehen, dass jemand für den Kasper spricht. Im Spielgeschehen sehen sie eine lebendige Puppe.

4.2 Kasperle ist immer da

(Wie man Kinder zum eigenen Spiel animiert)

Wenn man den Kindern ein Stück mit einfacher Handlung vorspielt, wollen sie es schnell nachspielen. Dabei spielt es keine Rolle, wenn sie den Verlauf des Stückes verändern. Wichtiger ist, dass die Kinder gern spielen.
Die Kinder sollten immer die Möglichkeit haben, ein Kasperlespiel zu beginnen, wenn sie gerade Lust dazu haben. Deshalb ist es am schönsten, wenn die Puppen jederzeit greifbar sind, vielleicht in einer extra Kasperlekiste. Stellen Sie diese so auf, dass das Kind jederzeit mit den Figuren spielen und sprechen kann. Eine Theaterbühne ist dazu nicht notwendig. Die Kinder begnügen sich mit einem Stuhl und einer Decke oder sie spielen einfach so. Entweder werden die Kinder das, was sie gesehen haben, nachspielen oder sie denken sich selber ein Thema aus. So entwickelt sich ein Rollenspiel, ähnlich wie in der Puppenecke. Die Handpuppe hat dabei den Vorteil, dass selbst schüchterne, zurückhaltende Kinder, die sonst vielleicht nicht „zum Zuge" kommen, in ihrer Rolle aufgehen und sich plötzlich etwas zutrauen. Sie sind ja nicht sie selbst, während sie die Puppe halten, sondern die hübsche Prinzessin oder der freche Kasper. Wenn mehrere Kinder mit den Kasperlefiguren spielen wollen, kann es geschehen, dass es nach einer Weile zum Streit kommt. Jeder will den Kasper haben oder der Räuber schlägt zu fest zu.

Bemerken Sie einen solchen Zwischenfall, ist es gut, wenn Sie sich einschalten, einfach eine Figur nehmen und den Spielverlauf fortführen. So können Sie, für die Kinder unbemerkt, das Spiel weiterleiten und bestehende Spannungen abbauen.
Sie haben nun einen ziemlich umfassenden Einblick in das Kasperlespielen und alles, was dazugehört, gewonnen. Es mag sein, dass die Fülle der Informationen Sie ein wenig hemmt oder verwirrt. Aber denken Sie daran: Vom Kasper wird nicht verlangt, dass er perfekt ist! Er soll vor allem lustig und fidel sein und mit frischem Mut ins nächste Abenteuer ziehen.
Letztendlich kommt es auf die Ausstrahlung an, die jeder Puppenspieler auf seine Zuschauer ausübt. Und das ist Ihre echte Teilnahme am Spiel, Ihre Spontanität, sich in die Puppen hineinzuversetzen. Es ist Ihr persönlicher Einsatz und Ihr Mut, sich auch in einem einfachen Spiel zu engagieren. Die Kinder haben ein gutes Gespür für Stimmungen. Sie merken es genau, ob ein Erwachsener aus „Pflichterfüllung" mit ihnen spielt oder aus eigener Freude. Machen Sie es doch wie unser Kasper: Nehmen Sie alle guten Ratschläge und wandern Sie mit Freude und Lust in das Spielabenteuer.

Viel Spaß mit dem Kasperle!

Die Kasperlestücke

Für einen Spieler:

Das verschwundene Geburtstagsgeschenk
Das Stück eignet sich gut für einen Kindergeburtstag. Anstelle des Namens „Sebastian" muss natürlich immer der Name des betroffenen Geburtstagskindes eingesetzt werden. Es erhält am Schluss auch das Geschenk.

Die verzauberte Schultüte
Besonders passend ist das Stück für Kinder, die bald in die Schule kommen.

Der sprechende Stein
Dieses Stück kann spontan aus dem Stegreif gespielt werden, weil keine besonderen Vorbereitungen notwendig sind.

Auch die anderen Stücke kann ein Spieler allein vorführen. Dabei muss er das Spiel teilweise etwas verändern, sodass jeweils nur zwei Puppen auftreten; die anderen Figuren könnten dann zum Beispiel aus dem Hintergrund rufen oder sprechen, ohne dass man sie sieht.

Für zwei Spieler:

Die Hexe vertauscht die Jahreszeiten
Hier sind im 4. und 5. Akt jeweils drei Figuren im Spiel. Sehr wirkungsvoll ist es, wenn mit Orff'schen Instrumenten Geräusche gemacht werden, zum Beispiel wenn die Hexe die Blumen wegzaubert.

Seppel will nicht mehr Seppel sein
Auch wenn meistens nur zwei Puppen auf der Bühne agieren, ist es für einen Spieler zu anstrengend, so häufig seine Stimme zu verstellen.

Die gestohlenen Ostereier
Natürlich sollte dieses Stück zur Osterzeit aufgeführt werden. Wenn man einen größeren Korb mit richtigen Ostereiern nimmt, kann Gretel am Schluss die Eier an die Kinder verschenken.

Die verschwundenen Hühner
In diesem Spiel ist besonders die Fantasie und Spontanität der Kinder gefragt. Sie können das Stück durch ihre Vorschläge (letzter Akt) beeinflussen.

Die verzauberte Prinzessin
Bei diesem Stück sind auch die Geräusche wichtig, die im Zauberwald zu hören sind. Vor dem 4. Akt kann sogar die Beleuchtung kurz ausgeschaltet werden. Am besten übernimmt eine dritte Person die Aufgaben als Geräuschemacher und Beleuchter.

Schnulleralarm im Weihnachtswald
Dieses Stück ist für ganz junge Kinder geschrieben, die ihre ersten Erfahrungen mit Rollenspielen machen. Die Kinder sollten ca. zwei bis drei Jahre alt sein. Das Stück ist vom Inhalt, der Handlung und Dauer auf diese Altersstufe abgestimmt.

Kasperle hilft dem Nikolaus
Ein Spiel für den Nikolaustag. Wer einen größeren Nikolaussack näht, kann diesen mit Nüssen für die Kinder füllen und sie am Schluss verteilen.

Das verschwundene Geburtstagsgeschenk

Es spielen mit:

- **Kasperle** und **Gretel** wollen dem Geburtstagskind ein Päckchen schenken.
- Der **Hund Wuff** denkt, dass das Päckchen ihm gehört.
- Es gelingt der **Hexe** nicht, etwas Essbares herbeizuzaubern.
- Das **Krokodil** verschlingt mit Heißhunger das Päckchen.
- Der **König** ist bereit, Kasperle Geld für ein neues Geschenk zu geben.
- Der **Diener** überreicht schließlich dem Kasper das unversehrte Päckchen.

Requisit:

- ein kleines, hübsch verpacktes Geschenk

Kulisse:

- Schloss

1. Akt *(vor geschlossenem Vorhang)*

Kasper *(stürmt durch den Vorhang auf die Bühne)*
Herzlichen Glückwunsch, herzlichen Glückwunsch! Wo ist hier das Geburtstagskind? Ich möchte zur Geburtstagsfeier von Sebastian. *(den Namen vom Geburtstagskind hier einsetzen)* Bin ich hier richtig? Aha, da ist ja der Sebastian! *(wenn er sich noch nicht gemeldet hat, bittet der Kasper ihn aufzustehen)* Sieh mal, was ich dir mitgebracht habe! *(er schwenkt ein kleines Päckchen)* Ein Geschenk! – Aber Moment, ich kann es dir noch nicht geben, ich muss erst die Gretel holen. Das Päckchen ist nämlich von uns beiden und wir wollen dir vorher ein Ständchen bringen. *(er legt das Päckchen in die Ecke der Bühne)* So, das lass ich solange hier liegen. *(er droht mit dem Finger)* Aber noch nicht wegnehmen! Es soll eine Überraschung werden. Kinder, passt ihr auf, dass der Sebastian das Päckchen nicht holt? Ich bin gleich wieder da. *(verschwindet hinter dem Vorhang)*

Wuff *(kommt schnüffelnd aus einer Ecke)*
Wuff, wuff, was habe ich gehört? – Wuff, ein Geschenk? – Hmmm, ich liebe Geschenke. *(er stößt auf das Päckchen)* Wauuu, da ist es ja! Ein schönes Päckchen! Was mag da wohl drin sein? Vielleicht ein schöner, großer Knochen? Grrr...! Was habt ihr denn, Kinder? *(beiseite)* Die wollen mir bestimmt das Päckchen wegnehmen. Ich verstecke es lieber und verschwinde. *(er versteckt es auf der anderen Seite der Bühne hinter dem Vorhang, sodass nur eine Ecke hervorschaut)* Nachher, wenn es dunkel ist, hole ich es und werde es in aller Ruhe auspacken, wuff. *(ab)*

Kaper und Gretel *(kommen auf die Bühne und fassen sich an)*
Gretel Guten Tag, Kinder!
Kasper Gretel, der Sebastian wartet auf unser Ständchen. Sollen wir anfangen?
Gretel Ja, hört gut zu, wir haben es selbst gedichtet. *(sie singen auf die Melodie „Alle meine Entchen")* Alle guten Wünsche bringen wir dir heut, bringen wir dir …
(Kasper macht plötzlich einen Satz und starrt auf den Punkt der Bühne, an dem vorher das Päckchen gelegen hat)
Kasper Das Päckchen – es ist weg! Hier habe ich es hingelegt. *(er deutet auf die Stelle)* Sebastian, hast du es doch schon aufgemacht? Kinder, ihr solltet doch aufpassen! – Was? Was sagt ihr, wer war hier? Ein Hund? Das kann doch nur mein Wuff gewesen sein. Wie sah er denn aus? – Ja, das ist mein kleiner Hund!
Gretel Ja, ja, und er liebt Überraschungen über alles, nicht wahr?
Kasper Ja schon, meinst du, er hat das Päckchen genommen?
Gretel Wenn die Kinder es sagen! Lass uns doch mal nachschauen.
Kasper Du hast Recht. Wir werden Wuff suchen, komm! *(im Gehen)* Der kann was erleben, wenn er das Geschenk kaputt gemacht hat! *(er dreht sich noch mal zu den Kindern um)* Entschuldigt, Kinder, ihr müsst jetzt noch einen Moment ohne uns Geburtstag feiern. *(beide ab)*

2. Akt

(offener Vorhang ohne besonderen Hintergrund, Hexe und Krokodil kommen auf die Bühne)

Hexe Das war aber ein mieser Tag heute. Noch nicht einmal etwas zu essen habe ich stehlen können. Kein Mensch war unvorsichtig, nirgendwo bin ich drangekommen. So ein Mist!

Krokodil Ich habe Hunger!

Hexe *(streichelt ihm über den Rücken)* Mein armes Schnuckiputzi! Wenn ich doch nur einen Zauberspruch wüsste, mit dem man etwas Essbares herbeizaubern könnte.

Krokodil *(wendet schnüffelnd den Kopf)*

Hexe Was ist, riechst du etwas zu essen?

Krokodil Ich weiß noch nicht. *(bewegt sich auf das Päckchen zu und holt es hervor)*

Hexe Ein Päckchen! Was mag wohl drin sein? *(will ihm das Päckchen wegnehmen)*

Krokodil Nein, das ist meines! Ich habe es gefunden. *(schluckt es hinunter)* Ich hatte doch solchen Hunger!

Hexe Hat man so etwas schon gesehen? Du weißt doch gar nicht, ob etwas zu essen drin war! Und die Verpackung brauchtest du auch nicht gleich zu verschlingen, tzzz.

Krokodil *(zuckt zusammen und krümmt sich)* Oh, oh, auweh!

Hexe *(hält seinen Kopf)* Was hast du denn, mein Kleiner?

Krokodil *(stöhnt und ächzt)* Oh, mein Bauch, ich sterbe!

Hexe Siehst du, ich habe es ja gleich gesagt. Im Päckchen war nichts zu essen drin! Was machen wir jetzt bloß?

Krokodil *(rennt auf der Bühne hin und her und jammert weiter)*

Hexe Du musst zum Arzt, und zwar zum königlichen Leibarzt. Das ist der beste Doktor weit und breit. Er kann dir helfen.

Krokodil Ich habe Angst, mein Bauch! Ich kann nicht mehr gehen.

Hexe Du musst aber! *(sie schiebt von hinten und zerrt von vorne)* Komm, mein Schatz, komm! – Nicht auszudenken, wenn dir etwas passiert! *(unter Stöhnen und Ächzen bewegt sich das Krokodil langsam mithilfe der Hexe von der Bühne)*

3. Akt

(geschlossener Vorhang, Kasper und Wuff kommen auf die Bühne und gucken hinter den Vorhang)

Wuff Da war es, ganz bestimmt!

Kasper *(suchend)* Ich sehe aber nichts!

Wuff Hier habe ich es aber ganz bestimmt hingelegt. Ich dachte doch, die Kinder wollten es mir wegnehmen, wuff, wuff. Deswegen habe ich es versteckt.

Kasper Das verstehe ich nicht. Kinder, stimmt es, dass Wuff das Päckchen hier versteckt hat? – Hm! – Habt ihr denn nicht gesehen, ob es einer weggenommen hat? – Was? – Das Krokodil? – Verschluckt? – Na, da kann man nichts mehr machen.

Wuff Wuff, wuff, das schöne Päckchen!

Kasper Schon gut, Wuff. Geh wieder spielen. Du kannst jetzt auch nichts mehr ändern. *(Hund ab)* Gretel! Gretel!

Gretel Na, hast du es gefunden?

Kasper Nein, das Krokodil war hier und hat es verschluckt.

Gretel Oooh, das schöne Geschenk! Was machen wir denn jetzt? Wir haben dem Sebastian doch ein Geschenk versprochen.

Kasper Hm, tja – hm. Wir könnten vielleicht zum König gehen, ihm die ganze Sache erzählen und ihn um Geld für ein neues Geschenk bitten.

Gretel Oh ja! Der ist so reich, der macht das sicher. Geh du schon voraus. Ich sage nur eben meinen Eltern, wo ich bin. Dann komme ich nach.

Kasper Gut, bis gleich, tschüss. *(beide zu verschiedenen Seiten ab)*

4. Akt *(Schloss)*

König Soso, das ist ja eine schöne Geschichte, die du mir da erzählt hast, Kasper. – Kinder, stimmt das auch, dass das Krokodil ein Geschenk verschluckt hat? – Soso.

Kasper Und der arme Sebastian wartet immer noch auf seine Überraschung.

König Soso, da will ich mal nicht so sein. Warte hier einen Moment, Kasper. Ich gehe jetzt in meine Schatzkammer und hole das Geld. *(ab)*

Diener *(kommt mit Kaspers Paket)* Herr König … Wo ist er denn?

Kasper Mein Päckchen! Wie kommt denn das hierher?

Diener Das hat der königliche Leibarzt aus dem Bauch des Krokodils geholt. Die Hexe brachte das Krokodil, es hatte starke Leibschmerzen. Gehört das Päckchen denn dir?

Kasper Ja, her damit! Denn ich muss schnell wieder zum Geburtstagskind zurück. *(reißt ihm das Päckchen aus der Hand und schwenkt es herum)* Juchhu, dann ist ja alles wieder in Ordnung! *(wendet sich zum Gehen)* Erkläre bitte dem König alles, ich habe jetzt keine Zeit mehr! *(ab)*

Diener Ja, aber … *(Vorhang)*

5. Akt *(geschlossener Vorhang)*

Gretel Hoffentlich hat der Kasper Glück beim König.

Kasper *(kommt von der anderen Seite der Bühne, das Päckchen schwenkend)* Gretel, Gretel, schau mal, was ich hier habe!

Gretel Donnerwetter! Unser Päckchen!

Kasper Ja, stell dir vor, das Krokodil hat es gefressen und davon solche Bauchschmerzen bekommen, dass die Hexe es zum königlichen Leibarzt gebracht hat. Der hat ihm das Päckchen aus dem Bauch geholt.

Gretel Ist es auch nicht kaputtgegangen? *(schaut es von allen Seiten an)* Nein, ich glaube nicht.

Kasper Jetzt geben wir es aber schnell dem Geburtstagskind, bevor es noch einmal gestohlen wird.

Gretel Ja, und dazu singen wir das Lied, das wir extra gedichtet haben.

Kasper Genau! Kommst du zu uns, Sebastian? *(gibt ihm das Päckchen)* So, und jetzt noch unser Ständchen. Eins, zwei, drei – los! *(sie singen)*

Alle guten Wünsche
bringen wir dir heut, bringen wir dir heut,
dazu auch noch Geschenke, weil dich das so freut.

Denn du hast heut Geburtstag,
fünf Jahre alt wirst du, fünf Jahre alt wirst du,
du sollst recht lange leben und gesund dazu.

Jetzt kommen deine Freunde,
wünschen dir viel Glück, wünschen dir viel Glück,
von dem Geburtstagskuchen das allergrößte Stück.

Sebastian hat Geburtstag,
trallalalala, trallalalala,
Sebastian hat Geburtstag, trallalalala.

Hoch soll er leben, hoch soll er leben,
dreimal hoch!

Kasper So, das war's. Und jetzt müssen wir nach Hause, es ist spät geworden. – Tschüss, Kinder, bis zum nächsten Mal!

Gretel Auf Wiedersehen! *(gehen ab)*

Die verzauberte Schultüte

Es spielen mit:
- Die **Hexe** Warzennase möchte verhindern, dass die Prinzessin in die Schule geht.
- Die **Prinzessin** ist sehr traurig, weil ihre Schultüte verschwunden ist.
- **Kasperle** zwingt die Hexe, die Schultüte wieder herauszugeben.

Requisit:
- kleine Schultüte

Kulissen:
- ein prächtiges Schloss
- Wald

1. Akt

(Kasper kommt singend auf die Bühne. Melodie: „Eine Seefahrt, die ist lustig“)

Kasper Ja, die Schule, die ist lustig,
ja, die Schule, die ist schön!
Ja, da kann man Lehrer ärgern
und das Lesen bald verstehn.
Hollahi, hollaho,
hollahia-hia-hia,
hollaho.

Guten Tag, ihr lieben Kinder.
Was ist denn hier los? Ihr seid ja sooo viele Kinder. Feiert ihr etwas? *(Kinder antworten)* Aha, so ein Zufall. Ich bin nämlich gerade auf dem Weg zur Prinzessin. Sie hat heute einen neuen Schulranzen bekommen. Funkelnagelneu. Der blitzt und blinkt richtig, so neu ist er! Und eine wunderschöne Schultüte. Könnt ihr erraten, warum sie das alles geschenkt bekommen hat? *(Kinder antworten)*
Ja, richtig. Die Prinzessin kommt nach den Ferien in die Schule. Seid ihr auch schon in der Schule? *(Kinder erzählen)* Ach, da ist ja schon das Schloss. Ich muss mal schnell anklopfen, denn ich bin sooo gespannt, wie die neuen Sachen der Prinzessin aussehen. Hach, so gespannt wie ein Flitzebogen bin ich. Hoffentlich ist die Prinzessin zu Hause! *(klopft an – lauscht)* Nanu, ich höre ja gar nichts. Kinder, ich glaube, ihr müsst mir rufen helfen. Vielleicht hört sie uns dann. Also, bei drei rufen wir alle zusammen ganz laut Prinzessin, ja? Also, eins – zwei – und drei: Prinzessin!

Prinzessin *(kommt raus und weint)* Huhu, huhu …
Guten Tag, Kasper! Huhu …

Kasper Guten Tag, Prinzessin. Was ist denn mit dir los? Warum weinst du denn?

Prinzessin *(schluchzt)* Ach, Kasper! Stell dir vor, meine schöne neue Schultüte ist weg!

Kasper Hei Sapperment und Dudelsack! Die kann doch nicht so mir nichts, dir nichts verschwunden sein!

Prinzessin *(schluchzt)* Doch, Kasper! Als ich durch den Wald nach Hause ging, hat sie sich plötzlich in Luft aufgelöst. Zwei Stunden habe ich gesucht – aber – huhu, ich habe sie nicht wiedergefunden.

Kasper Du bist durch den Wald gegangen? Durch den Zauberwald?

Prinzessin *(gedehnt)* Jaaaa ...

Kasper Ojemine! Dann kann ich mir denken, wer hinter dem Schabernack steckt! Es war bestimmt die Hexe Warzennase, die die Schultüte verzaubert hat.

Prinzessin Meinst du wirklich, Kasper?

Kasper Ja, wer denn sonst?

Prinzessin *(weinerlich)* Aber was sollen wir denn jetzt tun?

Kasper Da gibt's nur eines: Ich gehe in den Zauberwald und hole deine Schultüte wieder.

Prinzessin Kasper, meinst du, das schaffst du wirklich?

Kasper Na klar! Die Kinder werden mir schon helfen, nicht wahr? *(Kinder)* Also, dann auf in den Zauberwald! Tschüss!

Prinzessin Auf Wiedersehen, Kasper. Und sei ja vorsichtig. Die Hexe ist sehr gefährlich und böse!

Kasper Keine Angst, Prinzessin. Tschühüss! *(geht ab, Prinzessin verschwindet ebenfalls)*

2. Akt

(die Hexe kommt zum Vorschein, in der Hand hält sie die Schultüte)

Hexe Hihihihi! Da ist mir ja mal wieder ein guter Streich gelungen! Ich habe die Schultüte der Prinzessin verzaubert, sodass kein Mensch sie sehen kann, nur ich! Das war ganz einfach. Ich habe den Zauberspruch gesagt:
Kröten, Spinnen, Katzendreck,
Schultüte, sei du nun weg!
Hihihihi! Jetzt wird die Prinzessin gar keine Lust mehr haben, zur Schule zu gehen. Und dann wird sie immer dumm bleiben. Das ist toll, was, Kinder?
Hihihihi!
Pssst, seid mal ganz still, Kinder! Was höre ich da? *(Gepolter)* Oh, was sehe ich! Da hinten kommt der Kasper. Was will der denn hier? Na, am besten verstecke ich mich schnell. Und nichts verraten, Kinder!

Kasper *(kommt langsam näher und singt)*
Trullala, trullala,
Kasperle ist wieder da,
trullala, trullala …

Was sagt ihr, Kinder? Die Hexe ist hier? Wo denn? *(Hexe taucht an verschiedenen Ecken auf)* Was? Hier ist sie doch gar nicht! Hier? Nein, auch nicht. Oh, jetzt habe ich sie entdeckt. Psst, Kinder, seid mal ganz, ganz leise! Wisst ihr was? Ich tue jetzt so, als würde ich schlafen. Und wenn die Hexe ganz nahe kommt und mich verzaubern will, dann ruft ihr laut: Die Hexe kommt! Ja? *(legt sich hin und schnarcht)* Chr, chr, chr …

Hexe *(kommt aus dem Versteck hervor, sagt leise)* Oh, das ist ja sehr gut. Der Kasper schläft! Da kann ich ihn in aller Ruhe verzaubern. Ich schleiche mich jetzt heran und … *(Kinder rufen; Kasper springt auf und packt sie)*

Kasper Hab ich dich, du ekelhafte Waldkröte! Du hast lange genug die Menschen geärgert! Jetzt zaubere gefälligst die Schultüte der Prinzessin wieder her, aber dalli!

Hexe Lass mich los, du Lausebengel! Sofort loslassen! Ich zaubere die Schultüte nicht her! Die Prinzessin soll nicht in die Schule kommen!

Kasper Waaas? Ich glaube, ich muss dich mal ordentlich in die Nase zwicken, was!

Hexe Nein, nein! Alles, bloß das nicht! Bitte nicht in meine empfindliche, schöne Nase! Ich tue auch alles, was du willst.

Kasper Na also! Dann zaubere mal schnell die Schultüte herbei.

Hexe *(zögernd)* Na gut, wenn's unbedingt sein muss. *(zu den Kindern)* Das ist alles eure Schuld! Wenn ihr mich nicht verraten hättet, brauchte ich die Schultüte nicht herzuzaubern! Böse Kinder!

Ene, mene, Fliegendreck,
die Schultüte ist jetzt noch weg.
Ene, mene, Rattenschwanz,
dippe, dene, Fliegentanz.
Ene, mene, hipp, hipp, hurra,
die Schultüte ist wieder da!
(holt sie hervor)

Kasper *(nimmt die Schultüte)* So, ab damit zur Prinzessin. Die wird sich freuen! *(zur Hexe – drohend)* Und wehe, du zauberst noch einmal solchen Unsinn. Dann komme ich höchstpersönlich und zwicke dir doch in deine Warzennase!

Hexe Nein, nein! Ich werd's nie mehr tun! Auf Wiedersehen! *(flieht)*

Kasper *(lacht – zu den Kindern)* Haha! Habt ihr gesehen, wie schnell sie abgezischt ist? Das ist vielleicht eine Angsthexe, was? So, jetzt aber nichts wie zur Prinzessin! Sie wartet sicher ungeduldig. Singt ihr mit? Dann geht das Wandern viel schneller. Trullala, trullala …

3. Akt

Kasper So, nun bin ich am Schloss angekommen. *(klopft an)*
Prinzessin Herein!
Kasper *(kommt herein, die Hände hinter dem Rücken)* Guten Tag, Prinzessin. Da bin ich wieder. Rate, was ich mitgebracht habe!
Prinzessin Oh, Kasper! Ich dache schon, die Hexe hätte dich auch verzaubert! Was hast du mir denn mitgebracht? Einen Riesenregenwurm?
Kasper Nein!
Prinzessin Einen Vogel, der bellen kann?
Kasper Nein!
Prinzessin Etwa – etwa – ach, ich wag's nicht zu sagen.
Kasper Weißt du was? Ich zähle jetzt bis drei, und dann verraten die Kinder dir, was ich hinter dem Rücken versteckt habe, ja? Eins – zwei – drei. *(holt die Schultüte hervor)*
Prinzessin Oh, Kasper! Vielen Dank. Habt ihr dem Kasper geholfen, Kinder? Das finde ich aber nett von euch! Danke schön! Jetzt bin ich froh – und ich freue mich auf die Schule. Ich will nämlich viel lernen und schlau werden. Und wenn ich lesen und schreiben kann, dann kann ich auch die Zaubersprüche lesen – und dann kann ich auch die Hexe verzaubern!
Kasper Komm, Prinzessin! Rede nicht so lange. Draußen ist so schönes Wetter. Komm, wir gehen spielen. Tschüss, Kinder.
Prinzessin Auf Wiedersehen, Kinder.
Kasper Komm jetzt endlich, Prinzessin!
Prinzessin und Kasper Tschüss, Kinder! *(beide singen nach der Melodie von „Eine Seefahrt, die ist lustig“)*

Die Prinzessin, die ist lustig,
denn die Hexe ist k.o.
Die Schultüte ist wieder da,
nun sind wir alle froh!

Holladihia, holladiho,
holladihia, holladiho!

Spielhinweise
Dieses Spiel kann ein Spieler allein spielen, weil immer nur zwei Puppen auf der Bühne erscheinen. Besonders passend ist das Stück für Kinder, die bald in die Schule kommen.
Die Schultüte wird aus Tonpapier und Krepppapier gebastelt. Man schneidet ein Dreieck aus, rollt es zu einer Tüte und klebt die Ränder zusammen. Am oberen Rand wird das Krepppapier festgeklebt. Dann bindet man das Krepppapier oben zu – schon ist die Schultüte fertig.

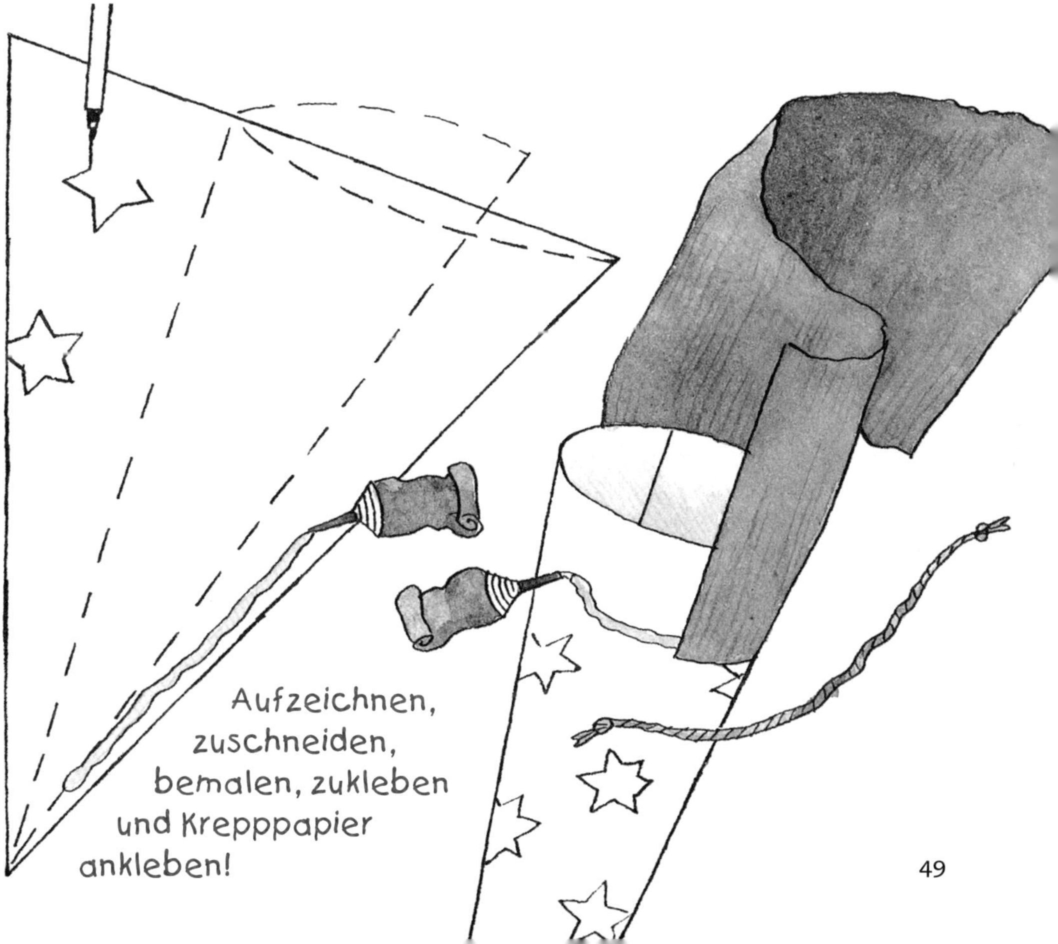

Die Hexe vertauscht die Jahreszeiten

Es spielen mit:

- **Kasperle** hat Geburtstag und lädt **Gretel** ein.
- Die **Hexe** Rumpumpel Kuddelfutz verzaubert den Frühling in einen kalten Winter.
- Der **Rabe** Klapperschnabel zwingt die Hexe, den Frühling herbeizuzaubern.

Requisiten:

- Blumenstrauß
- Blumenwiese

Die Hexe vertauscht die Jahreszeiten

1. Akt

Aus dem bunten Kasperhaus
schaut es lustig, keck heraus.
Erst die Zipfelmütze,
dann die Nasenspitze.
Ob ihr wisst, wer das ist?

Ja, der Kasper!

Kasper Guten Tag, Kinder. Warum seid ihr denn hier? *(Kinder erzählen)* Wollt ihr mir helfen, den Vorhang aufzuziehen? *(Kinder)* Dann sagt mal alle laut: Hau-ruck! Hau-ruck, hau-ruck, hau-ruck! So, das wäre geschafft.
Seid ihr auch so fröhlich wie ich? Ich habe nämlich Geburtstag, Kinder. Das ist vielleicht toll! Da wollen wir nachher so richtig gemütlich feiern.
Ich bin ja soooo gespannt, was ich geschenkt bekomme! Von der Gretel habe ich mir einen ganz bunten Blumenstrauß gewünscht. Ich rieche so gern daran. Ihr auch, Kinder? *(Kinder)*
Hach, Kinder. Ich bin schon ganz aufgeregt. Ich freue mich, weil die Gretel gleich in den Wald geht, um mir einen schööööönen, großen, dicken, bunten Strauß zu pflücken. Krokusse und Schneeglöckchen vielleicht. Und Tausendschön, Stiefmütterchen und Veilchen. Vielleicht auch eine Erdbeere? Ach nein, Erdbeeren sind doch keine Blumen! Erdbeeren sind doch Früchte, ich Dummkopf. Aber sicher pflückt die Gretel mir ein paar Tulpen und Osterglocken und – ach, was gibt's denn noch für Blumen? *(Kinder)*
Ja, einen schönen, dicken Strauß. Sooooo dick! Also, bis nachher, Kinder. Tschüss. *(geht ab)*

2. Akt

(Gretel betritt die Bühne, summt und singt vor sich hin)

Gretel Guten Tag, Kinder. Ich habe euch gar nicht gesehen. Ich bin nämlich auf der Suche nach schönen Frühlingsblumen. Die will ich dem Kasper zum Geburtstag schenken. Aber bis jetzt habe ich erst so wenig. *(zeigt sie)* Wisst ihr was? Ich gehe einfach tiefer in den Zauberwald hinein. Da hinten sehe ich schon was: Da leuchtet's blau und rot und gelb … *(geht ab)*

Die Hexe vertauscht die Jahreszeiten

Hexe *(schaut hinter dem Vorhang hervor)*
Hihihihihi! Ich bin die Hexe Rumpumpel Knuddelfutz. Was sehe ich denn da? Wer wagt sich in meinen Zauberwald? *(geht näher heran)* Ah, die Gretel! Was macht die denn da?
(Kinder)
Waaas? Blumen aus meinem Zauberwald? Na wartet! Euch werde ich die Suppe versalzen. Ich verzaubere einfach die Jahreszeiten. Statt Frühling soll es Winter sein. Hihihihi! Denn im Winter blühen keine Blumen, und dann kommen auch keine Leute in meinen Zauberwald, weil es hier so kalt und unheimlich ist. Hihihihi! *(geht ab)*

Gretel So, hier ist die Stelle mit den vielen Blumen. *(im Hintergrund Geklopfe)*
Oh, was ist das?
(Stimme der Hexe: hihihihi)
Woher kommt denn die Stimme? Oh, horcht! Psst, Kinder. Seid mal ganz leise!

Hexe *(spricht, ohne zum Vorschein zu kommen)*
Abrakadabra!
Hokuspokus, Fidibus!
Ene, mene, Pustikus!
Aus Frühling wird Herbst, aus Sommer wird Winter.
Habt ihr's gehört, ihr vielen Kinder?
Hört alle her und lauscht, nun sind die Jahreszeiten vertauscht.
(lautes Geräusch, Blumen verschwinden, Schnee fällt, Gretel lässt ihre Blumen fallen)

Gretel Oh, Kinder! Es ist ja plötzlich so kalt. *(zittert und bibbert)*
Was ist nur passiert? Wo sind denn meine Blumen? Was soll ich dem Kasper jetzt schenken? Ojemine! *(jammert)* Ich gehe gleich zu ihm und erzähle, was ich erlebt habe. *(geht ab)*

3. Akt

Kasper Wo bleibt die Gretel nur? Sie wollte doch um drei Uhr hier sein. Und jetzt ist es schon viel später. *(es klopft)* Herein! *(Gretel betritt den Raum)*

Gretel Oh Kasper! Wenn du wüsstest, was ich erlebt habe!

Kasper Was denn, Gretel?

Gretel Ja, hast du denn noch nicht aus dem Fenster gesehen?

Kasper Ohhh! Was ist denn da passiert? Es liegt ja überall Schnee! Und wo sind denn der blaue Himmel und die strahlende Sonne geblieben? Und die Vögel und die spielenden Kinder? Oje! Das ist ja wie im Winter.

Gretel Genau! Die Hexe Rumpumpel Knuddelfutz aus dem Zauberwald hat einfach die Jahreszeiten verzaubert.

Kasper Stimmt das, Kinder? Na warte! Der werde ich die Meinung sagen! Komm mit, Gretel, auf in den Zauberwald.

Gretel Aber ich habe solche Angst vor der Hexe.

Kasper Ach was! Du brauchst keine Angst zu haben. Ich bin doch bei dir. Und die Kinder passen auch auf.
Kinder, wenn ihr die Hexe seht, ruft ihr uns, ja? Na, dann los!
(singen)

Blüht ein Blümlein,
blüht ein Blümlein,
blüht im Märzenwald.
Kommt der helle, der helle Frühling,
kommt der Frühling bald.
Komm doch, lieber Frühling …

4. Akt

Rabe Krah, krah. Ich bin der Rabe Klapperschnabel. Ich bin der Freund der Hexe. Brrr, ist das kalt. Ich fand den Frühling viel schöner. Aber *(klapper, klapper)* – was soll ich schon gegen die Hexe machen? *(lauscht)* Oh, ich höre Stimmen. Wer kommt denn da in den dunklen, kalten Zauberwald?

Kasper und Gretel *(singen die 3. Strophe)*

Scheint die Sonne,
scheint die Sonne,
scheint im Märzenwald.
Kommt der helle, der helle Frühling,
kommt der Frühling bald.
Komm doch, lieber Frühling …

Kasper Na, die Sonne scheint hier aber gar nicht.

Gretel Guck mal, Kasper. Siehst du da hinten das Schwarze im Schnee?

Kasper Ich fresse einen Besen, wenn das nicht der Rabe Klapperschnabel ist. Komm, wir gehen zu ihm. Der weiß bestimmt, wo wir die Hexe finden. *(gehen ab)*
(tauchen an der anderen Seite der Bühne wieder auf)

Gretel Hallo, Rabe Klapperschnabel!

Rabe Hallo! *(klapper, klapper)* Was wollt ihr denn hier?

Kasper Wir suchen die Hexe Rumpumpel Knuddelfutz. Kannst du uns sagen, wo sie ist?

Rabe *(klapper, klapper)* Ja, was wollt ihr denn von ihr?

Gretel Sie soll uns den Frühling zurückzaubern. *(zittert, bibbert)*

Rabe Nein, nein, das macht sie nicht! Sie hat sich nämlich geärgert, weil im Frühling so viele Leute in den Zauberwald kommen. Das stört sie.

Kasper Aber der Frühling ist doch so schön! Alles grünt und blüht und duftet. Junge Hasen, Vögel und andere Tiere kommen auf die Welt. Die Kinder spielen im Garten …

Rabe *(traurig)* Ja, ja, ihr habt ja Recht. Ich habe es auch viel lieber, wenn es warm ist. Aber die Hexe denkt da ganz anders.

Kasper Ach, kannst du sie nicht hierherlocken? Du bist doch ihr Freund! Wir überrumpeln sie dann und bringen sie dazu, uns den Frühling zurückzugeben.

Gretel Ja, bitte, bitte, lieber Rabe!

Rabe *(klapper, klapper)* Krah, krah. Na gut. Ich werd's versuchen. *(zieht ab)*

5. Akt

Gretel Ich bin mal gespannt, ob die Hexe kommt.

Kasper Hör mal! Da flattert doch was. Was sehe ich denn da? Da kommt der Rabe angeflogen! Kinder, ratet mal, was der im Schnabel hat!

Rabe Krah, krah.

Hexe He, du altes Federvieh! Lass mich sofort los. Du schwarzes Rabenungeheuer! Du Satansbraten! Du alter Würmerfresser!

Rabe Nein, ich lass dich nicht los! Nicht, bevor du den Frühling wieder hergezaubert hast.

Hexe Du dummer Vogel, du! Ich denke, du bist mein Freund! Was fällt dir denn plötzlich ein? Lass mich sofort herunter!

Kasper Ist gut, Hexe Rumpumpel Knuddelfutz. Der Rabe lässt dich fallen. Aber dann brichst du dir bestimmt alle Knochen.

Hexe *(jammert)* Nein, nein! Nur das nicht. Rabe, lass mich bloß nicht los. Hilfe! Mit wird schwindelig! Hiiiilfeee!

Kasper Wirst du jetzt den Frühling zurückzaubern?

Hexe Nein, nie und nimmer! Eher fress ich einen Regenwurm.

Kasper Ist gut. Rabe Klapperschnabel, ich zähle bis drei, und wenn die Hexe dann nicht zaubert, lässt du sie fallen. Helft ihr mir zählen, Kinder? Eins – zwei –

Hexe Nein, nein! Lass mich doch auf die Erde, lieber Rabe.

Kasper – und die letzte Zahl heißt Nummer drei!

Hexe Halt, halt! Ist ja schon gut! Ich zaubere den Frühling zurück. Nur nicht loslassen, lieber Rabe!

Kasper Na, dann beeile dich mal!

Hexe Also gut.
Abrakadabra!
Hokuspokus, Fidibus!
Ene, mene, Pustikus,
der Winter soll vergehn,
wir woll'n den Frühling sehn.
(Krach machen, Schnee wird weggeblasen, Blumen erscheinen wieder) *(Rabe setzt die Hexe ab und setzt sich in die Ecke)*

Gretel Oh, es ist wieder Frühling. Wie warm es geworden ist. Da liegen ja auch meine Blumen! *(hebt sie auf)* Hier, Kasper, die habe ich für dich gepflückt.

Kasper Vielen Dank! Ich bin sehr froh, dass wieder Frühling geworden ist mit all den bunten Blumen. Wisst ihr was? Wir gehen jetzt zu mir nach Hause. Auch du, Rabe Klapperschnabel, und du, Hexe Knuddelfutz. Du musst mir nämlich eine riesige Geburtstagstorte zaubern. Mit viel Schlagsahne.

Alle Hm, lecker!

Hexe Oje – oje!

Kasper Also dann – auf geht's!

Alle *(singen)*
Der Kasper hat Geburtstag, trallalalala, der Kasper hat Geburtstag, trallalalala.

Drum freun sich alle Kinder, tralla …
Drum freun sich alle Kinder, tralla …

Das Stück ist nun zu Ende, tralla …
Wir reichen uns die Hände, tralla …

(gesprochen) Auf Wiedersehen!

Spielhinweise

Wer keinen Raben als Spielfigur besitzt, kann auch ein anderes Tier nehmen, zum Beispiel einen Hund, einen Bären, eine Ente oder ein beliebiges Plüschtier.

Den Kindern gefällt es sehr, wenn das Tier einen witzigen Namen hat. Wer also ein anderes Tier im Spiel einsetzt, sollte diesem auch einen lustigen Namen geben. Eine Katze könnte zum Beispiel so heißen: Mäusespeck, Schnurrdiburr, Samtpfote, Leckerschlecker …

Die Requisiten werden einfach aus Karton gebastelt. Sogar der Blumenstrauß von Gretel kann aus Karton sein. Hübsch sieht es auch aus, wenn man Strohblumen auf einem Draht aufpickt und kleine, grüne Papierblätter an den Stängel klebt.

Wenn Schnee fällt, sieht es am schönsten aus, wenn ein oder zwei Spotstrahler auf den oberen Bühnenrand gerichtet werden und die übrige Beleuchtung ausgeschaltet wird.

Schneeflocken können kleine Papierfetzen sein oder Konfetti oder Styroporkügelchen.

Wer will, kann dazu eine leise Glockenspielmelodie erklingen lassen.

Wenn die Hexe zaubert und Blumen verschwinden oder erscheinen lässt, ist die Wirkung besonders stark, wenn dabei auch ein lautes Geräusch ertönt.

Seppel will nicht mehr Seppel sein

Es spielen mit:

- **Seppel** ist unglücklich, er möchte stark und tapfer sein wie ein Bär.
- Der **Hexe** misslingt diesmal alles. Sie wirft ihr Zauberbuch beiseite.
- **Kasperle** kann Seppel verzaubern.
- Der **Räuber** rennt mit seinem Gewehr hinter dem Bären her.
- **Gretel** findet den Seppel als Seppel viel hübscher.

Requisiten:
- Zauberbuch
- Zauberstab
- Gewehr (ein Stock mit Band)

Kulisse:
- Räuberwald

1. Akt

(der Spielbeginn wird mit einer Glocke angekündigt)

Kasper *(geht auf der Bühne hin und her und singt)*

Guten Tag, ihr lieben Kinder. Habt ihr auch so gute Laune wie ich? *(Kinder)* Hach, ich freue mich. Die Sonne scheint, die Vögel blühen und die Blumen zwitschern … Ach, was rede ich denn da! Ich meine, die Sonne zwitschert – und die Blumen scheinen … Nein, das ist ja auch nicht richtig! Kinder, helft mir mal. Die Sonne *(Kasper lässt die Kinder einsetzen)* … die Vögel … und die Blumen … Ja, so stimmt's! Ich bin gerade auf dem Weg zu meinem Freund, dem Seppel. Hoffentlich hat er Zeit, mit mir zu spielen. *(geht am Bühnenrand hin und her)* Wir laufen nämlich so gern Rollschuh. Könnt ihr das auch, Kinder? *(Kinder)* Ich glaube, ich sehe den Seppel schon vor seinem Haus.

Seppel *(taucht zusammengekauert am anderen Bühnenrand auf)*

Kasper *(winkt)* Hallo, Seppel!
Kinder, ich glaube, der hört mich gar nicht.
Kommt, wir rufen mal alle zusammen. Eins, zwei, drei:
Hallo – Seppel!

Seppel *(rührt sich nicht)*

Kasper *(ist inzwischen herangekommen)*
He, Seppel, was ist denn mit dir los? Hast du Kopfweh?

Seppel *(schüttelt den Kopf)*

Kasper Hast du Bauchweh?

Seppel *(hebt den Kopf)* Nein, auch nicht.

Kasper Hast du chronisches Ohrensausen am linken Zeh?

Seppel Nein, Kasper. Ich bin nur traurig.

Kasper *(verwundert)* Aber Seppel, warum bist du denn traurig?
Es ist doch so schönes Wetter und die Vögel singen und …

Seppel *(unterbricht ihn)* Ach, Kasper, ich will nicht mehr Seppel sein!

Kasper *(stottert)* Wa-wa-was? Du willst nicht mehr Seppel sein?
Wer willst du denn sonst sein? Vielleicht der Kaiser von China?
Oder die kleine Raupe Nimmersatt? Oder ein Gespenst?
(Kasper breitet die Arme aus und „schwebt" hin und her)
Hui-buh … hui-buh, hui-buh …

Seppel Ach, hör doch auf mit dem Quatsch! Ich meine es ernst!
Wer bin ich denn schon? Der kleine Seppel, der Angst im Dunkeln hat und Angst bei Gewitter und Angst vor Räubern und Hexen …
Ich möchte so gern groß und stark und mutig sein! So, dass alle Leute Angst vor mir haben!

Kasper Aber – aber was möchtest du denn dann sein?

Seppel *(überlegt)* Vielleicht … Supermann! Ach nein. Lieber … ein riesengroßer Elefant! Oder noch besser – ein Bär! Ja, ein großer, gefährlicher Bär mit riesigen Tatzen und einem ganz fürchterlichen Brummen …

Seppel will nicht mehr Seppel sein

Kasper *(wiegt den Kopf hin und her)* Lass mich nachdenken … vielleicht kann ich dir helfen. Halt! *(springt auf)* Ich habe eine Idee! Ich gehe in den Zauberwald und stibitze der Hexe das Zauberbuch. Und dann verzaubere ich dich in einen Bären. Wenn du wirklich ein Bär sein willst.

Seppel Oh Kasper. Das würdest du für mich tun? Hast du denn keine Angst vor der Hexe?

Kasper Ach, ein bisschen schon. Aber die Kinder sind ja bei mir. Nicht wahr, Kinder, ihr passt gut auf mich auf? *(Kinder)*
Na siehst du, Seppel, dann kann nichts passieren!

Seppel Mensch, Kasper! Das wäre wirklich toll! Wenn ich mal ein richtiger Bär sein könnte!

Kasper Kein Problem, Seppel. Sei nicht mehr traurig, ich bin bald wieder da. *(dreht sich um)*
Also, auf in den Zauberwald! *(summt den Refrain des Anfangsliedes vor sich hin und singt dann)*
Halli-hallo, der Kasper,
der ist jetzt wieder da,
halli-hallo, der Kasper,
der ist jetzt wieder da … *(geht ab)*

Seppel Ich bin gespannt, ob der Kasper das schafft. Na, ich werde solange ins Haus gehen und dort auf ihn warten.
(geht ab – Vorhang)

2. Akt

(Vorhang öffnet sich wieder. Der Kasper betritt die Bühne. Er singt die 2. Strophe des Liedes.)

Kasper Das Zauberbuch zu kriegen,
das ist gar nicht so schwer.
Ich schleich mich in das Hexenhaus
und hol es mir dann raus.
Halli-hallo, der Kasper,
der ist jetzt wieder da,
halli-hallo, der Kasper …
So, Kinder, gleich bin ich am Hexenhaus. Ihr müsst jetzt ganz leise sein, damit die Hexe mich nicht hört. Oh, da hinten kommt sie schon! Am besten, ich verstecke mich hinter dem Baum. Psst, ganz leise, Kinder. *(versteckt sich am Bühnenrand)*

Hexe *(taucht auf, sie hält das Zauberbuch und den Zauberstab in der Hand)*
Ach, das ewige Zauberspruchüben geht mir auf die Nerven! Nun versuche ich schon den ganzen Tag, mir ein leckeres Müsli zu zaubern. Mit Joghurt, Rosinen, Nüssen und Haferflocken hach, wie lecker. Und immer kommt etwas Falsches heraus! Einmal sind es getrocknete Regenwürmer, einmal gefrorene Spinnenbeine. *(seufzt)* Hach, ich muss mal eine Pause machen. Hier ist ein schönes Plätzchen. Ich werde mich ein Weilchen ins Gras legen und die Augen schließen. *(legt sich hin)* So, und das Zauberbuch und den Stab lege ich hierher. *(gähnt)* Uah, bin ich müde …

Kasper *(schleicht zur Hexe)*
Ah, die Hexe schläft. *(flüstert)* Wie gut. So kann ich mir mit Leichtigkeit – schnappdiwapp – das Zauberbuch stibitzen, *(nimmt es)* und den Zauberstab auch. *(nimmt ihn in die andere Hand)* Und jetzt nichts wie weg, ehe die Hexe aufwacht. Schnell zum Seppel. Der wartet sicher schon auf mich.

3. Akt

Seppel *(erscheint auf einer Seite der Bühne und hält seine Hand über die Augen)*
Ah, da hinten kommt der Kasper! Endlich! Ich dachte schon, es wäre etwas passiert. Ob er das Zauberbuch bekommen hat, Kinder? *(Kinder)*

Kasper *(kommt auf Seppel zu)* So, Seppel. Mach dich bereit, es geht los. *(legt das Zauberbuch hin, blättert darin)* Wo steht's denn bloß? Bach … Bann … Bär! Hier steht der Zauberspruch. Bist du bereit, Seppel?

Seppel *(nickt)* Klar, Kasper. Fang ruhig an.

Kasper Du willst also wirklich lieber ein Bär sein als der Seppel?

Seppel Ja doch, Kasper. Jetzt verzaubere mich schon.

Kasper Na gut, Seppel. Aber dann wenigstens in einen Bären, der sprechen kann. Also *(hebt den Zauberstab und schwingt ihn im Kreis herum):*

Hoch und runter, hin und her,
werde nun ein Zottelbär.
Ohne menschliche Gestalt, bist nicht jung und bist nicht alt.
Willst nun keine Wurst mehr essen,
willst nur immer Honig fressen.
Dreimal rechts und dreimal links,
da hinten in der Ecke stinkt's.
Hoch und runter, hin und her,
werde nun ein – Zottelbär!

(berührt Seppel mit dem Zauberstab, Seppel taucht hinter dem Bühnenrand unter – und erscheint als Bär)

Bär *(brummt)* Uah – vielen Dank, Kasper. Jetzt habe ich vor niemandem mehr Angst. Nun gehe ich gleich in den Zauberwald und werde dort die Leute erschrecken. Uah – uah – grummel, grummel …

Kasper *(blickt ihm nach)* Schade, da muss ich mir wohl jemand anderes zum Rollschuhlaufen suchen. Ein Bär auf Rollschuhen, das geht wohl nicht. Na, vielleicht hat die Gretel Lust ... *(geht ab)*

Räuber *(singt)* Ja, im Wald, da sind die Räuber, halli-hallo, die Räuhäuber ... *(betritt die Bühne mit einem Gewehr in der Hand)* Oh Mann! Schon seit Tagen habe ich nichts Anständiges mehr zu essen stehlen können. Nun reicht es mir. Jetzt lege ich mich hier auf die Lauer und warte auf einen Bären. Und wenn ich einen erwische *(schwenkt sein Gewehr)*, dann habe ich für viele Wochen genug Fleisch. So, hier ist ein gutes Versteck. Aber Kinder, psst! Wehe, ihr verratet mich ... *(versteckt sich so, dass nur noch sein Gewehr ein Stück zu sehen ist)*

Bär Puh, unter dem dicken Pelz ist es ganz schön heiß. Da komme ich ja richtig ins Schwitzen! Na ja, dafür bin ich jetzt stark. Aber Hunger habe ich. Wie komme ich nur an den Honig der Bienen heran? *(geht langsam auf den Räuber zu)* Ich glaube, hier im Baum ist ein Bienennest ... *(Kinder)* Was sagt ihr, Kinder? Der Räuber? Was will er? *(Kinder)* Waas? Mit einem Gewehr?

Räuber *(springt aus dem Gebüsch)*
Halt! Stehen bleiben, Bär! Du kommst mir gerade recht. Ich habe großen Hunger auf Bärenfleisch.

Bär *(stottert)* O-oh-o-oh! Der will mich totschießen! Nichts wie weg! Aber ich bin ja so schwer und kann nicht mehr so schnell laufen. Kinder, bitte ruft doch ganz laut den Kasper um Hilfe! *(Kinder)*

Räuber *(läuft hinter dem Bären her)* So, Bursche, gleich habe ich dich!

Kasper Was ist denn los, Kinder? *(Kinder erzählen)* Da muss ich gleich helfen! Wisst ihr was? Wenn der Räuber hier vorbeikommt, stelle ich ihm einfach ein Bein, sodass er der Länge nach hinfällt.

Seppel will nicht mehr Seppel sein

Räuber und Bär *(kommen am Kasper vorbei, Kasper stellt ein Bein, der Räuber fällt hin)*

Kasper *(fasst den Bären an der Tatze und zieht ihn fort)* Komm, schnell raus aus dem Zauberwald. *(gehen ab)*

Räuber *(richtet sich stöhnend wieder auf)* O-oh! Warum habt ihr mich nur verraten? Nun kann ich heute Abend doch nur Kröteneier und gebratene Ameisen essen. Ach, die Räuberei ist aber auch wirklich schwer ... *(geht ab)*
(Kasper und der Bär tauchen wieder auf)

Gretel *(erscheint auf der anderen Seite)* Kasper! Was hast du denn da für ein schreckliches Ungetüm bei dir?

Kasper Aber Gretel, das ist doch der Seppel. Ich habe ihn in einen Bären verzaubert, weil er kein Seppel mehr sein wollte.

Gretel Stimmt das, Bär?

Bär *(nickt)* Ja, aber jetzt möchte ich viel lieber wieder der Seppel sein und mit euch Rollschuh laufen. Das Bärenleben ist mir zu gefährlich.

Gretel Und außerdem siehst du als Seppel viel hübscher aus!

Bär *(geschmeichelt)* Ja, meinst du?

Kasper Aber sicher! Was meint ihr, Kinder – sollen wir den Seppel alle zusammen wieder zurückverwandeln? *(Kinder)*
Dann sprecht mir gleich mal nach:
Hokuspokus, Pferdeäppel,
werde wieder unser Seppel!
Moment, ich hole noch schnell den Zauberstab. *(tut es)*
Also, alle zusammen. Eins – zwei – drei:
Hokukspokus, Pferdeäppel,
werde wieder unser Seppel!
(berührt ihn, der Bär taucht unter und der Seppel erscheint)

Seppel *(hüpft auf der Bühne umher)* Hurra, hurra! Ihr habt es geschafft. Oh, bin ich froh, wieder der Seppel zu sein!

Kasper Tja, Seppel. Jeder soll so bleiben, wie er ist. Und jeder hat etwas anderes, was gut ist. Du, Seppel, kannst zum Beispiel sehr gut Rollschuh laufen.

Seppel Ja, und das wollen wir jetzt auch tun. Also noch mal vielen Dank für eure Hilfe, Kinder.
Gretel So, nun kommt, ihr beiden.
Tschüss, Kinder, bis zum nächsten Mal. *(winkt und geht ab)*
Kasper und Seppel *(singen)*
Ja, ja, wir sind doch Freunde
und das ist wunderschön.
Drum wollen wir gemeinsam
nun draußen spielen gehen.
Halli-hallo, der Kasper,
der ist bald wieder da;
halli-hallo, der Kasper, der ist bald wieder da.

Tschüss, ihr lieben Kinder. Auf Wiedersehen.
(winken und gehen ab)

Spielhinweise
Dies ist ein Stück für zwei Puppenspieler. Zwar agieren meistens nur zwei Puppen auf der Bühne, aber für einen Spieler ist es zu anstrengend, die Stimme so oft zu verstellen. Der Seppel muss nicht unbedingt in einen Bären verwandelt werden. Auch eine andere Figur ist möglich. Wer statt des Bären eine andere Figur einsetzt, sollte sich an den entsprechenden Stellen im Text ein Zeichen machen, damit im Eifer des Spiels zum Beispiel der Wolf nicht brummt oder ein Hase auf Honigsuche geht.
Das Gewehr für die Bärenjagd kann ein einfacher Stock sein. Auch der Zauberstab ist nur ein Stock, umwickelt mit einem bunten Band oder einem Stück Goldpapier. Das Zauberbuch bastelt man ebenfalls aus glitzernder Folie oder Alufolie.

Spielstücke für die Osterzeit

Die gestohlenen Ostereier (Seite 72–77)

Es spielen mit:
- **Gretel** ist unglücklich, weil ihre selbst bemalten Ostereier verschwunden sind.
- Der **Räuber** Klaudiwau möchte seine Höhle mit Ostereiern schmücken.
- **Kasperle** überlistet den Räuber und bringt die Ostereier zurück.

Requisiten:
- ein Korb mit Eiern (auf Pappe gemalt)

Kulissen:
- Gretels Haus
- Wald

Die verschwundenen Hühner (Seite 78–85)

Es spielen mit:

- Die **Hexe** Düsebesen hat alle Hennen verzaubert.
- Der **Hase** versucht Eier zu legen.
- **Kasperle** wird von der Hexe gefangen.
- **Gretel** befreit den Kasper und die Hennen.

Requisiten:

- Hexenbesen
- Zauberbuch

Kulisse:

- Wald

1. Akt

(Kasper kommt langsam auf die Bühne und singt dabei)

Kasper Hach, guten Tag, Kinder. Oh, ich freue mich so. Soll ich verraten, warum? *(Kinder)* Bald ist ein schönes, schönes Fest! Wisst ihr, wie es heißt? *(Kinder)*

Ja, richtig! Habt ihr auch schon Ostereier angemalt? Ich gehe jetzt zur Gretel. Wir wollen nämlich zusammen noch ein paar Eier anmalen. Vielleicht sehe ich unterwegs im Wald den Osterhasen? – Tschüss, Kinder. Bis nachher! *(geht ab)*

Räuber Höhöhö! Guten Tag. Ich bin der Räuber Klaudiwau. Ich klaue alles, was mir zwischen die Finger kommt. Höhöhöhöhö! Nanu, was sehe ich denn da hinten beim Haus von der Gretel? Auf der Fensterbank steht etwas. Das muss ich mal genauer ansehen. *(schaut sich den Korb mit bunt bemalten Ostereiern an)* Ostereier! Schöne, bunte Ostereier! Prima! Die brauche ich für meinen Osterstrauch! *(nimmt sie)*
Höhö! Klaudiwau und Waudiklau.
Der Eierklauer, der ist schlau. *(geht ab)*
Höhöhöhö …

Kasper *(singt)* Der Kasper ist ein kluger Wicht, trallalalalala … So, da wären wir. *(klopft an)*

Gretel *(kommt schluchzend auf die Bühne)* Guten Tag, Kasper. Huhuhuhu …

Kasper Nanu, warum weinst du denn, Gretel? Alle Welt freut sich, weil bald Ostern ist – und du weinst!

Gretel *(kläglich)* Ach, Kasper, du weißt ja gar nicht, was passiert ist! Huhuhu …

Kasper Na, lass mich mal raten. Ist dir ein Gespenst begegnet?

Gretel *(weinend)* Nei-hei-n!

Kasper Hat es weiße Elefanten geregnet?

Gretel Nein, auch nicht!

Kasper Oder hat sich Großmutter auf ihr Gebiss gesetzt?

Gretel Nein!

Kasper Dann hat eure Kuh ein Ei gelegt. Ein Riiiesenkuhei!

Gretel *(ärgerlich)* Ach, Kasper! Lass doch die Witze! Mit Eiern hat es was zu tun. Der Räuber – huhu – der Räuber hat – huhuhuhu – der Räuber … (weint)

Kasper Kinder, könnt ihr mir sagen, was passiert ist?
(Kinder)
Waaas? Stimmt das, Gretel?

Gretel *(nickt)* Ja, Kasper! Die schönen Eier! Alle Eier! Ich hatte sie zum Trocknen in die Sonne gestellt. Und als ich sie an den Osterstrauch hängen wollte, da konnte ich gerade noch sehen, wie der Räuber mit dem Korb im Wald verschwunden ist. Und nun – huhu – nun haben wir kein einziges Osterei mehr. Huhuhu …

Kasper *(legt tröstend den Arm um Gretel)* Ach, mach dir keine Sorgen, Gretel! Es sind ja noch ein paar Tage bis Ostern. Weißt du was? Wir gehen in den Räuberwald und holen uns die Ostereier zurück. Sicher hat er sie in seiner Räuberhöhle an seinem Räuberosterstrauch hängen.

Gretel Aber Kasper … Ich habe solche Angst!

Kasper Das brauchst du doch nicht, Gretel. Die Kinder helfen uns sicher, nicht wahr, Kinder? *(Kinder)* Na siehst du! Die Kinder passen mit auf! Also dann, auf in den Räuberwald!
(gehen ab und singen)
Der Kasper ist ein kluger Wicht,
trallalalalala.
Der fürchtet auch den Räuber nicht,
trallalalalala.
Die Gretel steht dem Kasper bei,
trallalalalala.
Sie fürchtet keine Keilerei,
trallalalalala.
(kommen wieder auf die Bühne)

Gretel *(hält den Kasper am Arm)* Sieh nur, Kasper! Da, dada, dadadada …

Kasper Was ist denn, Gretel? Warum stotterst du?

Gretel Hach, Kasper! Ich bin so aufgeregt. Sieh nur! Dahinten – da ist ja schon die Räuberhöhle. Ach! *(flüstert)* Ich habe solche Angst.

Kasper *(ebenfalls leise)* Du brauchst keine Angst zu haben. Die Kinder passen ja auch auf. Komm, *(nimmt sie an die Hand)* wir schleichen uns an!

Räuber *(man hört ihn singen)*

Der Räuber hält sich gut versteckt,
trallalalala.
Bis er etwas zum Raub entdeckt,
trallalalala.
Dann springt er plötzlich schnell hervor,
trallalalala.
Und schwupps! hat er dich schon am Ohr,
trallalalala.

Gretel Hör nur, Kasper. Was sind das für unheimliche Geräusche?

Kasper Das ist nur der Räuber Klaudiwau. Er sitzt in seiner Räuberhöhle und singt. Komm, wir schauen mal vorsichtig durchs Fenster. Pssst, ganz leise, damit er nichts hört. Pssst …

Gretel *(flüstert)* Ja, Kinder, ihr müsst auch mucksmäuschenstill sein, damit ihr uns nicht verratet … *(alles ist still, plötzlich muss sie niesen)* Hatschiiii! *(hält sich erschrocken die Hand vor den Mund)* Oh weh, jetzt hat er mich gehört.

Räuber *(man hört wieder nur seine Stimme)* Nanu, sapperlot und Räuberdreck! Was war denn das? Mir war doch so, als hätte da jemand geniest. Stimmt das, Kinder? *(Kinder)* Na, da muss ich mich wohl verhört haben.

Gretel Hatschi, hatschi – haaatschiii! *(kläglich)* Oh, es tut mir leid, Kasper. Ich kann doch nichts dafür …

Räuber *(lauter)* Wolkenbruch und Katzendreck! Da hat doch jemand geniest! *(kommt auf die Bühne)* Ach, sieh an! Kasper und Gretel. Was wollt ihr denn hier in meinem Räuberwald?

Gretel *(versteckt sich hinter dem Kasper)* Ni-ni-nichts.

Kasper *(leise zu Gretel)* Schleich heimlich in die Räuberhöhle und hole die Eier. Ich lenke den Räuber solange ab.

Gretel *(geht ab)*

Kasper Wir wollten uns die Eier wiederholen, die du gestohlen hast.

Räuber Höhöhöhö – die gebe ich nie mehr her! Also verschwindet oder ich zerquetsche euch wie Regenwürmer. Höhöhö!

Kasper Kinder, wollt ihr mir helfen? *(Kinder)* Passt auf. Gleich soll der Räuber mich fangen. Und wenn er fragt: „Wo bist du, Kasper?", antwortet ihr alle ganz laut: „Hier!" Der Räuber wird dann ganz durcheinanderkommen und nicht mehr wissen, was los ist. Also, was ruft ihr, wenn der Räuber fragt: „Kasper, wo bist du?"

(Kinder) Gut. Also dann …

(zum Räuber) Ach, du alter, fauler, dreckiger, kleiner Räuber. Du bist doch hundertmal langsamer als ich. Du kleiner Mistkäfer!

Räuber *(brüllt)* Waaaas? Was sagst du da zu mir? Kleiner Mistkäfer? Na warte! Wenn ich dich erwische! *(läuft ihm nach)* Ich zermalme dich wie einen Regenwurm!

Kasper *(ist verschwunden)*

Räuber Nanu! Kasper, wo bist du denn? *(Kinder)* Sapperlot! Wo bist du? *(Kinder)*

Kasper *(schleicht sich von der anderen Seite wieder auf die Bühne, der Räuber steht mit dem Rücken zu ihm – zu den Kindern)* Pssst! Nichts verraten!

Gretel *(taucht mit dem Eierkorb neben ihm auf)*

Kasper Komm, Gretel, wir verschwinden heimlich. *(gehen ab, tauchen an einer anderen Stelle wieder auf)* Huhu! Räuber Klaudiwau! Räuber Haumichblau! Hier sind wir! Hallo, Räuber Saudigau – eh – ich meine, Räuber Hamsterfrau. Hier sind wir. Hier oben!

Räuber *(sucht in allen Ecken)* Wo seid ihr?

Kasper Hier! Huhu! Räuber Hexenschuss, Pferdefuß!

Räuber Unverschämtheit, mich so zu ärgern! Ich heiße Klaudiwau!

Kasper Huhu, Räuber Schokokuss!

Räuber So ein Ärger! Jetzt sind mir der Kasper und die Gretel entwischt. Und auch noch mit dem Eierkorb!

Kasper und Gretel *(winken)* Tschüss, Räuber Dummerklaus!

Räuber Oh, ich könnte mir vor Wut die Haare ausreißen! Da hat mich der Kasper doch tatsächlich überlistet. So ein Ärger!

Kasper Und wenn du uns noch mal was stehlen willst, dann kommen wir wieder und ärgern dich noch viel mehr!

Räuber Oh nein, bloß nicht! Macht, dass ihr fortkommt!

Kasper und Gretel *(lachen und gehen ab – singen)*

Der Kasper ist ein kluger Wicht,
trallalalalala.
Der fürchtet auch den Räuber nicht,
trallalalalala.
Die Gretel steht dem Kasper bei,
trallalalalala.
Sie fürchten keine Keilerei,
trallalalalala.

Tschüss, Kinder. Auf Wiedersehen!
(winken und gehen ab)

Spielhinweise

Der Korb mit den bunten Ostereiern wird zuerst auf Pappe aufgemalt und dann ausgeschnitten. Man kann auch aus Papier ein kleines Körbchen falten oder kleben und bunte Papierkügelchen als Ostereier einfüllen. Auch ein Körbchen aus der Puppenstube ist dafür geeignet.

1. Akt

(Kasper kommt singend auf die Bühne – nach der Melodie: „Ein Vogel wollte Hochzeit feiern")

Kasper Heidi-heidei, heidi-heidei, ich find schon bald ein Osterei: Fiderallala-fiderallala-fideralla-lalla-la. Guten Tag, Kinder. Habt ihr auch so gute Laune wie ich? *(Kinder)* Ich bin ja schon soooo aufgeregt!! In ein paar Tagen ist Ostern! Und dann gibt es wieder die schönen bunt bemalten Eier ... und Marzipaneier ... hm, mir läuft schon das Wasser im Mund zusammen! Ich kann es kaum noch abwarten ... Aber jetzt gehe ich erst mal in den Wald zu den sieben Eichen. Da habe ich mich mit meiner Freundin, der Gretel, verabredet. Wir wollen uns da ein Baumhaus bauen. Und dann spielen wir „Tarzan und Jane". Oder vielleicht auch „Krieg der Sterne" ... Also, ich muss mich beeilen. Bis später, Kinder – tschühüss. *(geht singend ab)* Owei-owei, owei-owei ... die Henne Berta legt kein Ei ... Fiderallala-fiderallala-fiderallalalala.

2. Akt

Hase *(betritt die Bühne von der Seite und jammert)* Ach je ... seufz-seufz ... oh-oh – stöhn, tjaja ... mannomann ...

Kasper *(kommt von der anderen Seite auf die Bühne und singt)* Hei, grünes Gras und Schnuppernas: Ist das denn nicht der Osterhas? Fiderallala-fiderallala-fideralla-lalla-... *(unterbricht seinen Gesang)*
Ja, schnideldibix. Ist das denn die Mööööglichkeit? Kinder: Seht ihr auch, was ich sehe? *(Kinder)* Den echten, richtigen und leibhaftigen Osterhasen! *(geht näher heran)* Guten Tag, Herr Osterhase. Warum machen sie denn so ein bekümmertes Gesicht?

Osterhase Ach je, Tag, Kasper. Etwas ganz Schreckliches ist passiert. Beim Eierlegen sind die Osterhennen zu nah an den Hexenwald herangeraten. Und da hat die Oberhexe Düsebesen alle Hennen verzaubert.

Kasper In was denn? Vielleicht in kleine Regenwürmer?

Hase Nein, es sind immer noch Hühner. Aber die Hexe Düsebesen hat sie in einen langen Schlaf gezaubert. Und nun ... oje ... können sie keine Eier mehr legen. Dabei ist in ein paar Tagen schon Ostern und ich brauche die Eier ganz unbedingt!

Kasper *(wackelt mit dem Kopf)* Tja – was willst du jetzt machen?

Hase Ach je, ich muss eben selber das Eierlegen üben.

Kasper Kinder: Meint ihr, dass das gut geht? Ein Eier legender Hase ... ich weiß nicht ...

Hase Pah! *(reckt sich)* Ich habe schon geübt. Pass nur mal auf: *(er kauert sich ganz klein zusammen und fängt an zu gackern)* Gogogogock-gogogo-goooooogo-gock.

Kasper Kinder: Spinnt der wohl? *(Kinder)*

Hase *(gackert immer lauter)* Goooogogogock-gagagga-gogogo-gock.
(Man hört einen dumpfen Schlag – z. B. auf der Handtrommel – und der Hase erhebt sich. Unter ihm kommt ein viereckiges weißes Päckchen zum Vorschein.)

Kasper *(beugt sich ganz tief darüber)* Was ist denn das für'n Ding?

Hase *(beleidigt)* Kannst du das etwa nicht erkennen? Ich habe ein Ei gelegt!

Kasper Ha! Der erste Eier legende Hase der Welt – haha – aber was soll denn das für ein komisches Ei sein? *(er hebt es hoch und betrachtet es)* DAS willst du den Kindern Ostern ins Nest legen? Die werden sich bekringeln vor Lachen.

Hase *(kleinlaut)* Was soll ich denn machen? Eine andere Form habe ich nicht geschafft ...

Kasper Nun lass nicht gleich den Kopf hängen, Osterhase. Für einen Hasen ist das doch schon ganz gut. Aber als Osterei ...?

Nein! Da habe ich eine bessere Idee: ICH werde in den Hexenwald gehen und die Hennen erlösen.

Hase Aber Kasper! Das ist doch viel zu gefährlich …

Kasper Papperlapapp. Ich werde ja nicht ganz alleine gehen. Die Kinder begleiten mich. Habt ihr Lust, Kinder? Okay, dann los: Auf in den Hexenwald … *(er geht mit dem Hasen ab).*

3. Akt

(Gretel kommt auf die Bühne und geht suchend hin und her)

Gretel Ach – nun suche ich den Kasper schon seit einer halben Stunde. Ich hatte mich hier mit ihm an den sieben Eichen verabredet. Habt ihr ihn vielleicht gesehen, Kinder? *(Kinder erzählen).* Was? Was sagt ihr da? Um Gottes willen! Der Kasper kennt sich mit Hexen doch gar nicht aus! Und dann will er auch noch zur Oberhexe … ojemine … ich muss rasch hinterher und ihm helfen. Kinder: In welche Richtung ist er denn gegangen? *(Kinder)* Danke, Kinder *(winkt)*, bis später … *(geht ab).*

4. Akt

Hexe Hihihihihi! *(kommt mit ihrem Besen durch die Luft gerauscht und landet auf der Bühne)* Hui – war das ein schneller Flug! Eben hab ich mir die Haare nach 120 Jahren zum ersten Mal gewaschen. Und dann bin ich nur eine Minute auf meinem Düsebesen geflogen und – bsssst – fertig geföhnt. Sehe ich jetzt nicht wieder besonders hübsch aus, Kinder? *(Kinder)* Ach – papperlapapp! Ihr habt ja gar keine Ahnung. Schaut euch doch nur mal meine wunderschöne Warze auf der

Nase an! Warzen sind in diesem Jahr ganz groß in Mode, hihihi. So, Besen, dich stelle ich jetzt erst mal hier an der Seite ab. *(lehnt ihn an den Bühnenrand)* Das kleine Stück werde ich zu Fuß gehen. Ich muss ja auch was für meine schlanke Linie tun, hihi. Der Zauberer Mundgeruch hat mir schon zweimal einen Heiratsantrag gemacht, weil ich so hübsch bin! So – aber jetzt werde ich rasch nach den schlafenden Hühnerchen sehen. Vielleicht werde ich mir eines davon über dem offenen Feuer rösten, hihi. Hühnchen haben ja nicht viele Kalorien ... *(geht ab)*.

5. Akt

Kasper *(kommt auf die Bühne und singt leise)* Der Hase wollte Eier legen in dem grünen Wahalde: Fiderallala-fiderallala-fideralla-lalla-la. Oh, Kinder. Da bin ich ja schon im Hexenwald. Und: Potzblitz, was ist denn das? *(geht zu dem Besen, Kinder erzählen)*
Wirklich? Der Zauberbesen der großen Oberhexe Düsebesen? Habe ich ein Glück, Kinder. Wo ist sie hingegangen? *(Kinder)* Oh – da muss ich mich aber beeilen. Ich werde mir schnell den Besen schnappen und ... oh Schreck. Ich höre die Hexe!

Hexe *(kommt wieder)* So – da bin ich wieder. Alles ruhig und ... hu! Wer ist das? Kasperle! Auf meinem Zauberbesen! Na warte! *(hebt die Hand)* Besen: flieg!
(der Besen erhebt sich mit Kasper darauf in die Luft)

Hexe Hihihihi – hihihihihi. Du hast wohl gedacht, du wärst ein schlauer Wicht und könntest die alte Oberhexe hereinlegen, was? Hihihi – Besen ... flieg durch den Schornstein in meinen Stall. Da kann der Kasper dann schmoren, bis er alt und schrumpelig ist ... Hihihihihi ...

Kasper *(ruft noch vom Besen)* Ich habe keine Angst vor dir, Hexe Dusselbesen!

Hexe Düsebesen heiße ich.

Kasper Ach so: Hexe Schusselbesen …

Hexe DÜSEBESEN!!!

Kasper Ach so … Hexe Fiesebesen …

Hexe *(laut)* Hinweg mit dir! Besen – flieg mit Rauch und Schall – schnell in meinen Zauberstall! *(Kasper fliegt mit dem Besen weg)* Hihi – den wären wir los. So – und jetzt kann ich mir in aller Ruhe ein Osterhühnchen rupfen und braten und verspeisen, hihihihi … *(geht ab)*.

6. Akt

Gretel *(kommt auf die Bühne)* Puh, Kinder, tun mir die Füße weh. Nun bin ich schon so lange unterwegs. Ob ich jetzt endlich im Hexenwald angekommen bin? *(Kinder)* Was sagt ihr? Der Kasper war schon hier? Wo ist er? Eingesperrt? Ach – ich hab's mir gedacht. Er ist immer so mutig … und er hat immer so einen vorlauten Mund. Aber manchmal denkt er einfach nicht genug nach. Nur gut, dass er so eine gute Freundin wie mich hat. Und gut, dass er euch Kinder hat! So – nun geht es los. Psssst – seid jetzt ganz leise, Kinder. Wollt ihr mir helfen? *(Kinder)* Gut, dann ruft doch gleich die Hexe ganz laut und lockt sie vom Hexenhaus weg. Ich werde mich in der Zeit in ihr Haus schleichen, den Schlüssel vom Stall suchen, den Kasper befreien und dann das Zauberbuch suchen und die Hühner mit einem Zauberspruch befreien. Das geht aber nicht so schnell. Die Hexe darf auf keinen Fall zu früh ins Haus zurückkommen. Wollt ihr dafür sorgen, Kinder? Prima.
Also – ich verstecke mich erst mal hier hinter einem Strauch

(geht hinter die Bühnenwand, man hört nur noch ihre Stimme) So, Kinder. Los geht's: Ruft die Hexe Düsebesen. *(Kinder)*

Hexe *(kommt langsam auf die Bühne)* Ist was? Hat mich da jemand gerufen? (Kinder) Ach – ihr seid' s nur, die Kinder. Ich hab jetzt Wichtigeres zu tun … *(will wieder gehen. Kinder rufen wieder)* Was ist denn? Ist hier draußen irgendetwas nicht in Ordnung? Was sagt ihr? Ich soll mal in den Wald und … *(darauf eingehen, was die Kinder nun sagen. Z.B. nach den Hühnern sehen, Holz sammeln, etc. Wenn von den Kindern kein Vorschlag kommt, selber etwas ausdenken)* … Ich soll noch mal nach den Hühnern gucken? Ja meint ihr denn, es wäre eines aufgewacht? Na gut. Schaden kann es ja nicht. Dann gehe ich mal eben gucken … *(geht ab)*

Gretel *(kommt aus ihrem Versteck)* Das habt ihr prima gemacht, Kinder. Jetzt passt nur gut auf, dass sie nicht zu früh wiederkommt. Und wenn sie kommt, dann schreit ihr ganz laut, ja? *(Kinder)* So, da ist ja das Haus … *(Gretel verschwindet hinter der Bühne. Man hört ihre Stimme)* Oh, da hängt ja der Schlüssel. Nun schnell in den Stall.

Kasper *(auch seine Stimme hört man vorerst nur)* Mensch welche Freude!

Gretel *(Stimme)* Komm schnell raus, Kasper. Du kannst mir helfen, das Zauberbuch zu suchen, komm schnell ins Hexenhaus …

Kasper *(Stimme)* Aber Gretel. Wo ist denn die Hexe? Und wie hast du …

Gretel *(Stimme)* Das erzähle ich dir alles später. Jetzt such …

Hexe *(kommt wieder auf die Bühne)* Nein, Kinder. Da habt ihr euch wohl verhört. Es ist alles in Ordnung. Jetzt will ich endlich nach Hause gehen und zu Abend essen … *(geht weiter)* Was sagt ihr, Kinder? Ich soll nicht in mein Haus gehen? Aber warum denn nicht? *(Kinder)*

Hexe Ach – quatsch. Ich gehe jetzt in mein Haus und damit basta. *(Kinder)*

Gretel und Kasper *(erscheinen hinter dem Rücken der Hexe und* *flüstern)* Das habt ihr prima gemacht, Kinder. Wir haben das Zauberbuch und den richtigen Zauberspruch gefunden. Jetzt schnell hinter das Haus und die Hühner erlösen … *(gehen ab)*.

Hexe Nanu? Da ist doch eine Stimme?

Gretel *(Stimme)* Drachenbein und Mausespeck – blöder Zauber, sei jetzt weg. Hühnerleiter rauf und runter – liebe Hühner, seid wieder munter!

(Man hört es laut und aufgeregt gackern)

Hexe Verfluchter Ameisendreck! Wer wagt es? Kinder: Habt ihr da etwa mitgeholfen? *(Kinder)* Ihr frechen Gören. Ich werde euch sofort in Mistkäfer verwandeln. Ich hol nur schnell mein Zauberbuch *(verschwindet hinter der Bühne und kommt gleich darauf zurück)* Oh – du vermaledeiter Wespenstachel! Mein Zauberbuch ist weg … ich bin erledigt … buhuhuhu *(weint)* huhuhuhu … eine Hexe ohne Zauberbuch …

(Kasper und Gretel betreten die Bühne)

Kasper Gretel – das hast du toll gemacht. Ich bin ja sooooo stolz auf dich … und auf die Kinder, natürlich.

Gretel Schau mal, wen wir hier haben. *(zeigt auf die Hexe)*

Kasper Die Oberhexe Heulsuse.

Gretel *(zur Hexe gewandt)* Warum warst du auch so frech und hast dem Osterhasen die Osterhennen verzaubert? Geschieht dir ganz Recht, dass du nun weinst. Eigentlich hättest du eine Strafe verdient – oder was meint ihr, Kinder? *(Kinder)*

Hexe Buhuhuhuhu … ich war eben eifersüchtig. Jedes Jahr bekommen die Kinder zu Ostern so schöne bunte Eier und tolle Nester … nur an mich denkt natürlich keiner. Da war ich so wütend und ärgerlich … und da habe ich einfach – rubbeldizupp … die Hühner verzaubert.

Gretel Hast du dir denn noch nie überlegt, warum der Osterhase dir nichts bringt?

Hexe Nöööö. Ich war doch immer so frech, wie ich nur konnte.

Gretel Eben! Vielleicht solltest du mal versuchen, ein bisschen Gutes zu tun!

Hexe *(zu den Kindern)* Meint ihr, das würde helfen? *(Kinder)* Aber … mir fällt überhaupt nichts Gutes ein … nur Blödes.

Kasper Aber MIR fällt was Gutes ein. Wie wär's damit, dass du dem Osterhasen bei der Arbeit hilfst und ihm mit ein paar tollen Zaubersprüchen die Eier in den schönsten Farben färbst?

Gretel Au-ja, Kasper. Du hast wie immer die besten Ideen. *(leise zu den Kindern)* Außer, wenn ICH die besten Ideen habe.

Kasper Also, lassen wir den Osterhasen nicht länger jammern. Auf geht's.

Hexe *(winkt)* Tschhöhö.

Kasper Von wegen Tschö! Du kommst mit. Gretel, geh du voran. Die Hexe nehmen wir in die Mitte, damit sie uns nicht entwischt, und ich gehe zum Schluss.

Hexe *(mault)* Aber ich habe keine Lust, den weiten Weg zu Fuß zu latschen …

Kasper *(stößt sie voran)* Hör auf zu meckern. Sonst lass ich mir eine noch viel gemeinere Strafe einfallen. Los – vorwärts marsch! *(alle drei gehen los)* Tschüss, Kinder. Eine schöne Osterfeier wünsche ich euch und ganz viele, tolle, bunte, verrückte Eier.

Hexe Und ich wünsche euch viele dicke Eier. So dick, dass sie euch im Halse stecken bleiben …

Gretel Ruhe da hinten! Auf Wiedersehen, Kinder. Danke für eure Hilfe.

Gretel und Kasper *(singen gemeinsam, während sie alle drei die Bühne verlassen)* Das Stück, das ist jetzt endlich aus, und alle geh'n vergnügt nach Haus: Fiderallala-fiderallala-fideralla-lalla-la. *(gehen ab)*

(Vorhang)

Der sprechende Stein

Es spielen mit:

- **Seppel** spielt so gern mit Kasperle Verstecken.
- Die **Prinzessin** war verzaubert, weil sie sich über die Tiere lustig gemacht hatte.
- **Kasperle** löst die drei Rätsel des sprechenden Steins.

Requisit:
- ein großer Stein

Kulisse:
- Blumenwiese

1. Akt

(während des Sprechens taucht der Kasper langsam von unten her auf der Bühne auf, zuerst sehen die Kinder nur die Mütze)

Kasper Guten Tag, ihr lieben Kinder. Da bin ich wieder. Geht es euch gut? *(Kinder)* Na, das freut mich ja! Ich bin gerade auf der Suche nach meinem Freund, dem Seppel. Ich suche ihn schon so lange, aber er ist einfach nicht zu finden. Wisst ihr was, Kinder? Vielleicht hört er uns, wenn wir ihn alle zusammen mal ganz laut rufen. Der Seppel ist nämlich manchmal ganz schön schwerhörig. Als hätte er Bohnen in den Ohren. Na, das kennt ihr ja sicher.
Also, ich zähle bis drei, und dann rufen wir alle, so laut wir können, ja? Eins – zwei – drei: SEPPEL! Seppel!
Na, der ist aber wirklich schwerhörig. Noch einmal, Kinder. So laut ihr könnt: Seppel! Seppel!

Seppel *(kommt langsam und gähnend auf die Bühne)* Uah – bin ich noch müde! Was ist denn los? Warum brüllt ihr denn so? Hat es etwa Goldstücke geregnet?

Kasper Aber nein, Seppel.

Seppel Oder weiße Elefanten?

Kasper Nein, Seppel, auch nicht.

Seppel Dann haben die Hühner vielleicht viereckige Eier gelegt?

Kasper Papperlapapp! Es ist nur schon helllichter Tag. Schau doch: Die Kinder sind auch schon alle wach und munter. Nur du liegst noch wie ein Murmeltier in den Federn. Komm, lass uns in den Wald gehen und Verstecken spielen.

Seppel Au ja! Verstecken! Da mach ich mit. Du musst aber bis zehn zählen und mich dann suchen … *(geht ab)*

Kasper Zählt ihr mit, Kinder? Eins, zwei, drei, vier … zehn. *(ruft lauter)* Ich komme!

Seppel *(man sieht nur ein Stückchen von ihm am Bühnenrand herausschauen)* Huhu – Kasper. Hier bin ich.

Kasper *(rennt hin und her, schaut oben und unten)* Verflixte Kokosnuss. Der Seppel hat sich aber gut versteckt! Ich finde ihn nicht. *(ein Stein wird auf die Bühne gelegt, Kasper stolpert darüber)* Donnerlittchen, da wäre ich ja beinahe der Länge nach hingefallen!

Stein *(mit tiefer Stimme)* Aua!

Kasper *(bleibt verdutzt stehen)* Nanu, hat da nicht eben jemand was gesagt?

Stein Aua – hab ich gesagt.

Kasper Träum ich oder spinn ich? Seppel, warst du das?

Stein Nein, ich bin ein Stein.

Kasper Hilfe, Hilfe! Seppel, komm schnell aus deinem Versteck heraus. Ich glaub, ich werd verrückt. Ich bin krank. Ich höre Stimmen, Hilfe, Hilfe!

Seppel *(kommt hervor und geht zum Kasper)* Warum bist du denn so aufgeregt, Kasper? Was ist denn los?

Stein *(mit tiefer, lang gezogener Stimme)* Haallooo!

Seppel Was hast du gesagt?

Kasper Ich? Ich habe nichts gesagt. Also hörst du es auch?

Stein Hallooo!

Seppel *(setzt sich auf den Stein)* Ich werd verrückt.

Kasper Nein, ich werd verrückt.

Stein Steh auf. Du bist mir zu schwer.

Seppel *(springt auf)* Da-da-dadada hat doch eben der Stein gesprochen, oder?

Kasper *(wendet sich den Kindern zu)* Habt ihr das auch gehört, Kinder? *(Kinder)*

Stein Ja, ihr habt richtig gehört. Ich bin ein sprechender Stein.

Seppel Aber ... aber ... Steine können doch nicht sprechen.

Stein Doch. Alles, was es auf der ganzen Welt gibt, kann sprechen. Die Tiere, die Blumen und die Bäume. Nur die Menschen verstehen ihre Sprache nicht.

Seppel Aber ... aber warum können wir dich dann hören?

Stein *(seufzt tief)* Weil ich ein verzauberter Stein bin. Vor langer, langer Zeit war ich einst eine wunderschöne Prinzessin.

Seppel Eine Prinzessin! Oh, wie aufregend. Soll ich dir schnell

einen Kuss geben und dann verwandelst du dich wieder in eine Prinzessin? So wie im Märchen?

Stein Nein, so einfach ist das nicht. Die Fee, die mich damals verzaubert hat, gab mir drei Rätsel auf. Wenn jemand die Antwort sagen kann, bin ich erlöst.

Kasper Bevor du uns die Rätsel aufgibst: Sag uns doch, warum du verzaubert wurdest.

Stein Ach, ich habe mich immer über die Tiere lustig gemacht, weil sie nicht sprechen können. Ich habe die Vögel im Garten geärgert und sie geneckt, weil sie nur piepsen können. Selbst die schönen Blumen habe ich ausgelacht, weil sie nur langweilig in der Gegend herumstehen. Und da … ach ja … da hat die Fee mich in einen Stein verzaubert, weil ein Stein am allerwenigsten kann.

Kasper Wir werden versuchen, dich zu erlösen. Aber dann darfst du dich auch nicht mehr über andere lustig machen, ja?

Stein Nein, ganz bestimmt nicht. Das verspreche ich! Ach, wenn ihr das nur schaffen würdet!

Kasper Wir werden es schon schaffen, wenn die Kinder uns dabei helfen. Macht ihr das, Kinder? *(Kinder)* Also, dann stell uns mal das erste Rätsel.

Stein Die Blumen können nicht reden, aber trotzdem locken sie die Bienen und Schmetterlinge an. Wie machen sie das? Was ist ihre Sprache? Das ist das erste Rätsel.

Seppel Hui, das ist aber wirklich schwer!

Kasper *(nimmt Seppel an die Hand und zieht ihn mit sich)* Komm, Seppel. Das finden wir schon heraus. Komm nur mit mir. Tschüss, Stein. Oder besser: Steinprinzessin, bis nachher. *(gehen ab)*

2. Akt

(Kasper und Seppel kommen wieder auf die Bühne und gehen hin und her)

Seppel Du bist aber wirklich klug, Kasper. Die Idee, die Blumen eine Weile zu beobachten, war toll.

Kasper Ja, so konnten wir sehen, dass die Blumen, die besonders bunt und farbenprächtig sind, die Bienen mit ihren Farben anlocken – und andere mit ihrem lieblichen Duft.

Seppel Ja, die Farben und der Duft, das sind ihre Sprachen.

Kasper Nun rasch zum Stein, dahinten liegt er ja.

Stein Ihr seid aber schnell zurück. Habt ihr die Antwort?

Seppel *(reckt sich stolz)* Jawohl!

Kasper Weißt du was: Wir lassen mal die Kinder die Antwort sagen. Na, Kinder, wisst ihr's noch? *(Kinder)*

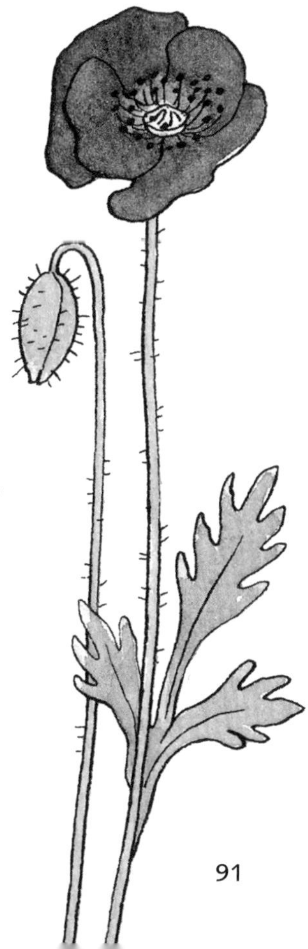

Stein Ich könnte vor Freude in die Höhe hüpfen. Ja! Ja! Es stimmt! Mit den Farben und dem Duft.
Das erste Rätsel habt ihr gut gelöst. Doch hört nun das zweite: Die Sprache der Vögel ist ihr Zwitschern und Piepsen. Aber es gibt noch etwas, wodurch sie sich verständigen. Was ist das?

Seppel Ojemine! Das wird ja immer schwieriger. Die Vögel können noch etwas anderes?

Kasper Ach, das ist doch gar nicht schwer. Beobachte doch mal die Vögel! Sie unterhalten sich mit ihren Bewegungen!

Seppel *(verständnislos)* Wie geht das denn?

Kasper Na, wenn ich dich zum Beispiel lieb habe und fest drücke, dann weißt du, dass ich dich mag, obwohl ich nichts gesagt habe. Und wenn ich traurig bin, lasse ich den Kopf hängen und du weißt auch ohne Worte, was los ist. Genauso machen es die Vögel.

Seppel *(wendet sich zum Stein)* Stimmt das?

Stein *(erfreut)* Ja! Ja, ja, ja, ja! Es ist richtig. Das zweite Rätsel ist auch gelöst.
Aber nun kommt das dritte und schwerste!
Eine Katze schnurrt, wenn sie sich wohlfühlt. Doch wie sagt sie euch, dass sie wütend ist?

Seppel Ach, das weiß ich! Sie faucht. So *(macht es nach)* Chhh! Chhh!

Stein Ja, aber damit ist das Rätsel nur halb gelöst. Sie tut noch etwas!

Kasper Ach, Kinder, könnt ihr uns vielleicht helfen? *(wenn die Kinder die Antwort wissen, dürfen sie es sagen, ansonsten redet er weiter)*
Ja, ich glaube, das ist die Antwort: Die Katze macht einen Katzenbuckel, wenn sie böse ist. Und ihr schönes, weiches Fell sträubt sich. Stimmt das, Steinprinzessin?

Stein Oh ja! Ich bin ja so glücklich! Ich bin erlöst! Ich bin erlöst.

Seppel Aber – aber du bist ja immer noch ein Stein!

Stein Ja – nun muss ein Kind kommen und mir einen Kuss geben. Dann bin ich erlöst!

Kasper *(zeigt auf ein Kind oder fragt, wer kommen möchte)*

Stein *(verschwindet nach dem Kuss hinter der Bühne und stattdessen taucht die Prinzessin auf)*

Seppel Hui – du bist aber schön! Viel schöner als im Märchen.

Prinzessin *(umarmt Kasper und Seppel)* Ach, ich bin ja so glücklich! Viele lange Jahre war ich als Stein gefangen. Nun bin ich endlich wieder frei. Vielen Dank, ihr beiden. *(wendet sich zu den Kindern)* Und vielen, vielen Dank auch euch Kindern, dass ihr so gut aufgepasst habt.
Ich werde heute Abend auf meinem Schloss ein großes Fest geben. Dazu seid ihr dann alle eingeladen. Und ihr – Kasper und Seppel – ihr seid natürlich die Ehrengäste!

Seppel Gibt's da auch Pflaumenkuchen mit Schlagsahne?

Prinzessin So viel du willst!

Seppel Auch Eis?

Prinzessin Ich werde einen ganzen Berg aus Eis für dich bestellen, wenn du magst.

Seppel *(klatscht in die Hände)* Au ja! Ich freue mich schon! Und gibt's auch gegrillte Kartoffeln mit Würstchen und …

Kasper *(unterbricht ihn)* Jetzt ist's aber genug, Seppel, du Vielfraß! Komm mit nach Hause. Wir müssen uns noch umziehen und hübsch machen.

Seppel Ja, das wollen wir tun. Also dann, *(wendet sich zu den Kindern)* tschüss, ihr lieben Kinder. Bis zum nächsten Mal! *(geht ab)*

Prinzessin Dann werde ich auch mal aufs Schloss gehen und alles vorbereiten. Wie werden sich meine Eltern freuen, wenn sie mich wiedersehen! Auf Wiedersehen, Kinder! *(winkt und geht ab)*

Kasper Na, Kinder, hat euch die Geschichte gefallen? *(Kinder)* Ihr habt aber auch prima mitgeholfen!
So, nun muss ich mich auch verabschieden. Bis zum nächsten Mal: Tschöhö … *(geht ab)*

Die verzauberte Prinzessin

Es spielen mit:

- Die **Prinzessin** möchte ein großes Sommerfest feiern.
- Die **Hexe** Tatterknatter ist nicht eingeladen, darüber ist sie böse.
- **Seppel** fürchtet sich im dunklen Wald.
- Der **Rabe** ist die verzauberte Prinzessin.
- **Kasperle** rettet die Prinzessin mit einer List.

Requisit:

- Taschenlampe

Kulisse:

- Zauberwald

1. Akt

(Kasper kommt langsam auf die Bühne und singt)

Kasper Guten Tag, Kinder. Wie geht es euch? *(Kinder)* Na fein, mir geht es auch gut. Soll ich euch verraten, warum? *(Kinder)* Ich habe nämlich eine Einladung von der Prinzessin bekommen. Zum Sommerfest! Da gibt es sicher viele schöne Sachen. Wisst ihr, was es alles so gibt beim Sommerfest? *(Kinder zählen auf)* Ja, und Kuchen und Kakao … *(Kasper ergänzt evtl.)* Ich freue mich schon so! Aber jetzt muss ich los. Mein Freund, der Seppel, ist nämlich auch eingeladen. Ich hole ihn schnell ab. Also bis später. Tschühüss … *(geht ab)*

2. Akt *(Hexe kommt auf die Bühne)*

Hexe Hihihihihi … Ich bin die Hexe Tatterknatter. Ich hab gehört, die Prinzessin will auf ihrem Schloss ein Sommerfest feiern. Und ich – ich bin nicht eingeladen!
Oh, du dreimal verzwickter Maikäferlauscher! Das werde ich ihr heimzahlen, jawohl! Ich werde ihr die Suppe schon versalzen, hihihi …
Wisst ihr, was ich mache? Ich werde die Prinzessin einfach in einen Raben verzaubern. Hihihihi …
In einen kleinen, schwarzen Raben. Hihihihi! Dann wird der König traurig sein und das Sommerfest – das findet nicht statt!
Ich muss nur noch in meinem Zauberbuch nach dem richtigen Spruch suchen. Wie hieß er doch gleich?
Schnurrdiburrdigurrdigabe –
werde nun ein schwarzer Rabe.
Nein! Waschpulver und Hexendreck,
die Prinzessin ist nun weg!
Nein, auch nicht! *(geht langsam ab)*
Froschauge und Fliegenbein,
die Prinzessin ist jetzt mein …

3. Akt

(Kasper kommt wieder auf die Bühne, singt und hüpft dabei hin und her)

Kasper So, hier wohnt mein Freund, der Seppel. Mal sehen, ob er zu Hause ist. *(klopft, man hört Schritte, Seppel erscheint)*

Seppel Ach, guten Tag, Kasper.

Kasper Hallo, Seppel. Bist du fertig? Kommst du mit zum Sommerfest bei der Prinzessin?

Seppel Aber Kasper! Weißt du denn nicht, was passiert ist?

Kasper Nö! Was denn? Wisst ihr es, Kinder? *(Kinder erzählen von der Hexe)*

Seppel Ja, genau. Die Hexe Tatterknatter hat unsere Prinzessin in einen Raben verzaubert.

Kasper Waas? Und wo ist sie jetzt? Ich meine – ist er jetzt? Ich meine die Rabenprinzessin.

Seppel Na, wo wohl? Natürlich im Zauberwald. Da muss sie nun jede Nacht schaurig krächzen, bis sie jemand von dem Zauber erlöst.

Kasper Ja, ja. Aber wie? – Hm, lass mich mal überlegen … Ah, ich hab's! Hihi, wir werden die Hexe überlisten! Die Kinder helfen uns sicher dabei. Nicht wahr, Kinder? *(Kinder)*

Seppel Ja, aber wie denn?

Kasper Ganz einfach! Wir gehen in den Zauberwald und suchen die Prinzessin. Und wenn wir sie gefunden haben, sagen wir ihr, sie soll zum Hexenhaus fliegen und mit ihrem Schnabel die Hexe ordentlich kitzeln und zwicken. Dann wird die Hexe die Prinzessin schnell wieder zurückverwandeln.

Seppel Wi-wi-wi-wi-wir sollen in den Zauberwald gehen?

Kasper Ja, sicher. Fliegen können wir ja nicht.

Seppel A-aber da ist es doch so dunkel …!

Kasper Nachts ist es immer dunkel. Außerdem stehen ja die Sterne am Himmel. Und der Mond leuchtet uns den Weg.

Seppel *(ängstlich)* Willst du nicht lieber allein gehen, Kasper?

Kasper *(lacht)* Hast du etwa Angst, Seppel?

Seppel Ein ... ein bisschen schon!

Kasper Aber das brauchst du nicht! Ich bin doch bei dir. Und die Kinder auch, nicht wahr? *(Kinder)* Na, siehst du. Die Kinder passen auch auf, dass uns nichts passiert.

Seppel Na gut ...

Kasper *(zieht ihn mit sich)* Also, komm schon, Seppel. Es wird bald dunkel. Auf in den Zauberwald!

Seppel Ja, a-aber, wie willst du die Prinzessin finden? Es gibt doch so viele Raben im Zauberwald!

Kasper Wir werden ganz laut singen. Dann wird die Prinzessin uns hören und zu uns fliegen. Die anderen Raben aber werden vor Schreck davonfliegen, weil sie Angst vor Menschen haben. So wissen wir gleich, wer die Prinzessin ist.

Seppel *(bewundernd)* Du bist aber schlau, Kasper!

Kasper Ja, schlau wie Professor Oberammergau, hihi! Aber komm jetzt endlich. Gleich ist es dunkel. Da müssen wir im Zauberwald sein. Also Beeilung! *(gehen ab)*

4. Akt

(es ist ganz dunkel; man hört unheimliche Geräusche aus dem Hintergrund; ab und zu blinkt ein Licht; man hört Schritte, Kasper und Seppel kommen mit einer Taschenlampe auf die Bühne; die Geräusche werden leiser)

Seppel Hu, Kasper. Ich fürchte mich so. Es ist so dunkel hier. Man kann die Hand nicht vor den Augen sehen!

Kasper Wir haben doch die Taschenlampe dabei.

Seppel *(ängstlich)* Sind wir denn auch auf dem richtigen Weg? Wenn wir uns nun verlaufen?

Kasper Nein. Hab keine Angst. Es geht immer der Nase nach.

Seppel *(leiser)* Kasper, hörst du nicht die unheimlichen Geräusche? Das sind sicher Gespenster …

Kasper *(lacht)* Haha! Gespenster gibt's doch gar nicht!

Seppel Oh doch. Ich habe schon mal eines im Fernsehen gesehen.

Kasper Ja, im Fernsehen. Da hat sich doch nur einer als Gespenst verkleidet. Frag doch die Kinder! *(zu ihnen)* Gibt es in Wirklichkeit Gespenster? *(Kinder)* Na, siehst du, Seppel. Also, komm schon. *(das Licht geht wieder an; Seppel stellt die Taschenlampe weg)*

Seppel So, die Taschenlampe lasse ich hier unten stehen. Es ist nun hell genug. Der Mond ist hinter den Wolken hervorgekommen. *(ein lautes, unheimliches Geräusch ertönt; Seppel drängt sich ängstlich an Kasper)*
Hu, hast du da-da-das gehört, Kasper? Oh, ich will raus aus diesem unheimlichen Zauberwald.

Kasper Komm, Seppel, wir singen jetzt ganz laut unser Lied. Sicher wird die Prinzessin uns bald hören. *(singen beide)*
Der Kasper ist lustig, der Kasper ist froh,
gerade so wie der Mops im Haferstroh.
Holladihia …

Kasper *(hält lauschend die Hand ans Ohr)* Psst. Sei mal still. Vielleicht hören wir die Rabenprinzessin schon krächzen … Nein, noch nicht. Also weiter. *(Kasper singt eine zweite Strophe)*
Und sein Freund, der Seppel, ist immer dabei.
Er hat manchmal Angst. Oh weia, oh wei.
Singt mal mit, Kinder. Dann hört die Prinzessin uns besser.
(alle singen den Refrain)
Holladihia, holladiho …
(hält wieder die Hand ans Ohr) Psst. Ich glaube, ich höre etwas!

Rabe *(leise)* Krah, krah, krah …

Kasper Huhu! *(winkt)* Huhu – Prinzessin! Hier sind wir.

Rabe (kommt auf die Bühne) Krah, krah, krah. *(stellt sich neben Kasper und Seppel)*

Seppel Hurra! *(macht einen Luftsprung)* Es hat geklappt. Bist du die Prinzessin?

Rabe *(nickt)* Krah!

Seppel *(streichelt dem Raben über den Kopf)* Arme Prinzessin. Sei nicht traurig. Bald bist du frei!

Kasper Hör zu, Prinzessin. Wir schleichen uns nun alle zum Hexenhaus. Und dann fliegst du durch den Schornstein ins Hexenhaus und zwickst und zwackst die Hexe mit deinem Schnabel so lange, bis sie keine Luft mehr kriegt. Dann machst du uns schnell die Tür auf und der Seppel und ich springen herein. Wir halten die Hexe dann so lange fest, bis sie dich von dem Zauber erlöst – und du wieder eine Prinzessin bist.

Rabe Krah, krah!

Kasper Also, auf geht's! Aber – *(hält den Finger an den Mund)* psst, ganz leise, damit die Hexe nicht vorher wach wird. *(jeder Schritt von ihnen wird mit einem Tamburinschlag begleitet)* So, da wären wir. Los, Prinzessin, ab durch den Schornstein!

Rabe *(fliegt hoch und verschwindet hinter der Bühne)* Krah, krah.

Hexe *(man hört nur ihre Stimme)* Ah, Hilfe! Was ist das? Ein schwarzes Ungeheuer. Es zwickt und zwackt mich. Immer in die Nase. Au weh! Hilfe, Hiiilfe!

Rabe Krah, krah, krah, krah …

Kasper Ah. Die Prinzessin hat uns die Tür aufgemacht. Schnell hinein! *(gehen auch ab, kommen mit der Hexe wieder; der Seppel hält sie an den Füßen und der Kasper am Kopf fest; auch der Rabe kommt angeflogen)*
So, jetzt erlöse die Prinzessin von ihrem Zauber – oder sie zwickt dich weiter!

Hexe Nein, nein! Bloß nicht! Au, meine arme, arme Nase!

Kasper Also? – Los!

Hexe Ach, wie war denn noch der Zauberspruch? Ich glaube, ich habe ihn vergessen.

Kasper Waas? Prinzessin, komm her und zwick die Hexe.

Rabe *(kommt und zwickt die Hexe)* Krah, krah.

Hexe Au! Aufhören, aufhören! Ich erlöse die Prinzessin von dem Zauber. Nur hört bitte, bitte auf!

Rabe *(hört auf)* Krah!

Hexe Rabendreck und Affenbier,
die Prinzessin sei – wieder – hier!
(lauter Knall, Glöckchenklingeln, der Rabe verschwindet und die Prinzessin taucht auf; zur gleichen Zeit lassen Kasper und Seppel die Hexe los)

Prinzessin Ach, Kasper. Ich bin so froh, dass ich kein Rabe mehr sein muss! Vom vielen Fliegen war mir schon ganz schwindelig.

Kasper Da musst du dich nicht nur bei Seppel und mir bedanken, sondern auch bei den Kindern. Die haben ganz gut aufgepasst und uns geholfen.

Prinzessin Vielen Dank, Kinder!

Kasper Uah! *(gähnt)* Bin ich müde! Am besten gehen wir jetzt alle nach Hause und schlafen uns richtig aus. Und morgen … morgen feiern wir dann das Fest.

Seppel *(winkt)* Tschüss, Kinder. Tschühüss. *(geht ab)*

Prinzessin Tschühüss, Kinder. Und vielen Dank, dass ihr mir so toll geholfen habt. *(geht ab)*

Hexe So ein Ärger! So ein Ärger! *(geht ab)*

Kasper Da hat sich die Hexe aber geärgert, was? So, nun muss ich aber schnell in die Federn. Mir augen schon die Fallen zu ... Eh, ich meine: Mir fallen schon die Augen zu. Tschüss, Kinder. Bis zum nächsten Mal! Singen wir zum Schluss noch einmal alle zusammen mein Lied? *(Kinder)*

Der Kasper ist lustig, der Kasper ist froh,
gerade so, wie der Mops im Haferstroh.
Holladihia, holladiho ...
Tschüss, Kinder. *(winkt und geht ab)*

Spielhinweise

Bei diesem Stück braucht man zwei Spieler, weil meistens mehr als zwei Spielfiguren auf der Bühne sind.
Wenn ein Spieler das Stück allein aufführen möchte, kann er es so verändern, dass immer nur zwei Figuren zu sehen sind und die dritte nur noch zu hören ist. Wer keinen Raben hat, kann auch ein anderes Tier nehmen, in das die Prinzessin verwandelt wird, zum Beispiel einen Fuchs oder eine Katze. Natürlich könnte man auch einen Raben aus Karton basteln. Eine Anleitung steht auf Seite 105.

Für den Zauberwald eignet sich als Hintergrund ein weißes Tuch. Die Bäume, Sträucher oder Blumen werden aus schwarzem Karton ausgeschnitten und mit Stecknadeln am Tuch befestigt. So wirkt die Szene richtig unheimlich.

Vor Beginn des 4. Aktes kann man hinter dem weißen Leintuch immer wieder eine Taschenlampe aufblitzen lassen. Auch die Geräuschkulisse ist hier wichtig. Zum Beispiel so: einzelne, geheimnisvoll klingende Töne auf Glockenspiel, Xylofon, Triangel usw. spielen. Am besten verschiedene Instrumente ausprobieren und selbst entscheiden, welche Klänge und Töne zur Szene passen. Man könnte auch Vogelstimmen auf Kassette aufnehmen und zu Beginn des 4. Aktes abspielen.
Am spannendsten wirkt das Stück für die Kinder, wenn der Raum, in dem gespielt wird, ganz abgedunkelt und nur die Kasperlebühne beleuchtet ist. Vor dem 4. Akt kann dann sogar die Bühnenbeleuchtung kurz ausgeschaltet werden. Das kommt allerdings auf die Kinder an, ob sie sehr ängstlich sind oder ob ihnen so etwas gefällt.
Beleuchtung und Hintergrundmusik können auch von einer dritten Person übernommen werden.

Den Raben aus Karton ausschneiden, schwarz anmalen und evtl. noch mit Federn und Wolle bekleben.

Zum Spielen an einem Stab befestigen.

Spielstücke für die Weihnachtszeit

Schnulleralarm im Weihnachtswald (Seite 108–111)

Es spielen mit:

- Die **Hexe** Schlabbermaul hat Kaspers Geschenk gestohlen.
- **Kasper** und **Seppel** wollen den Schnuller von der Hexe zurückholen.
- Der **Weihnachtsmann** hilft ihnen dabei.

Requisiten:

- Schnuller (evtl. von einer Puppe)
- gefalteter Zettel

Kulisse:

- Wald

Kasperle hilft dem Nikolaus (Seite 112–119)

Es spielen mit:

- Die **Hexe** ärgert sich, dass sie nie etwas vom Nikolaus geschenkt bekommt.
- **Kasperle** meint zuerst, der Nikolaus sei der Räuber.
- Dem **Nikolaus** wird der Nikolaussack mit vielen Geschenken weggezaubert.
- **Seppel** hilft dem Kasper, die Hexe zu überlisten.

Requisit:

- Nikolaussack

Kulisse:

- Zauberwald

Schnulleralarm im Weihnachtswald

1. Akt

Kasper *(betritt die Bühne und singt)* Ihr Kinderlein kommet, oh kommet doch all. Zur Krippe her kommet … Oh, hallo, Kinder. Wisst ihr, wer ich bin? *(Kinder)* Ja, richtig. Der Kasper. In drei Wochen ist Weihnachten und ich bin heute sehr traurig. Warum? Weil ich für den Jan einen neuen Schnuller als Weihnachtsgeschenk gekauft habe. Der Jan ist ein ganz süßer Nachbarjunge und er ist 2 ½ Jahre alt. Und was ist passiert? Die böse Hexe Schlabbermaul hat mir den Schnuller gestohlen! Gerade als ich ihn in schönes Weihnachtspapier einpacken wollte. Ist das nicht gemein? Nun bin ich auf dem Weg zu meinem Freund Seppel. Gemeinsam wollen wir in den Wald gehen und uns den Schnuller von der Hexe zurückholen. Helft ihr uns und passt gut mit auf? Prima Kinder. Dann bis gleich. *(winkt und geht ab)*

2. Akt

Hexe *(kommt auf die Bühne und hat einen Schnuller in der Hand)* Hihihihi-oh, hallo, Kinder. Für mich ist heute ein Freudentag!! Ich hab dem dummen Kasper den Schnuller gestohlen, den er zu Weihnachten verschenken wollte, hihi. Ich kann in letzter Zeit so schlecht einschlafen. Und nun hoffe ich, dass das mit dem Schnuller besser klappt. Ist der nicht schön? Habt ihr auch einen Schnuller, Kinder? Ich gehe jetzt gleich in mein Hexenhaus und halte Mittagsschlaf mit meinem neuen Schnuller, tschüss Kinder … *(geht ab)*

3. Akt

(Kasper und Seppel gehen auf der Bühne hin und her)

Seppel So was Gemeines von der Hexe Schlabbermaul. Schämt sie sich denn gar nicht, einem kleinen Jungen einfach den Schnuller zu stehlen? Hoffentlich finden wir das Hexenhaus bald!

Kasper Psst. Leise, Seppel. Ich höre ein seltsames Geräusch. *(man hört den Weihnachtsmann räuspern und grummeln)*

Weihnachtsmann *(betritt die Bühne)* Hab ich auch an alle Geschenke für Weihnachten gedacht? Der Till bekommt ein elektrisches Auto, die Lisa einen Puppenwagen, der Patrik eine Eisenbahn, die Sophia eine Puppe ... Holla, wer seid ihr beiden denn?

Seppel Hallo, Weihnachtsmann! Wir freuen uns sehr, dass wir dich einmal sehen. Ich bin der Seppel ...

Kasper Und ich der Kasper. *(verbeugt sich leicht)* Vielleicht kannst du uns helfen, lieber Weihnachtsmann. Ich habe für unser Nachbarskind Jan einen neuen Schnuller gekauft. Aber die böse Hexe hat ihn gestohlen. Hast du vielleicht einen Schnuller in deinem Sack?

Weihnachtsmann Nein, Kasper. Schnuller verschenke ich nicht. Weißt du: Schnuller sind gar nicht gut für die Zähne. Der Schnuller drückt die Zähne nach hinten und die wachsen dann schief und krumm, und das sieht gar nicht schön aus! Und sprechen können die Kinder sowieso nicht gut mit einem Schnuller im Mund. Niemand versteht sie dann. Nein, Kasper: Ich habe eine viel bessere Idee. Alle Kinder, die es schaffen, ihren Schnuller abzugeben, bekommen von mir ein besonders schönes und weiches Kuscheltier. Damit können sie auch gut einschlafen und bald brauchen sie keinen Schnuller mehr.

Kasper *(kratzt sich am Kopf)* Dann war mein Geschenk ja gar keine gute Idee ... Hast du denn für den Jan ein schönes Kuscheltier?

Weihnachtsmann Da muss ich mal auf meiner Liste nachsehen *(faltet einen Zettel auseinander)* Meike, Inga, Michi … Jan. Da haben wir ihn ja. Ja, richtig. Für Jan bringe ich einen wunderschönen Kuschelhasen mit langen Ohren und ganz lieben Augen.

Seppel Prima! Du – aber – Weihnachtsmann. Ich finde, die Hexe hat trotzdem eine Strafe verdient. Man darf doch anderen Leuten nicht einfach wegnehmen, was einem nicht gehört.

Weihnachtsmann Ja, da hast du Recht, Seppel. Wisst ihr was, Kinder? Wir verstecken uns jetzt hier hinter der Bühne und wenn die Hexe kommt, dann ruft ihr ganz laut: Kaaasper! Okay? Und dann springen wir hervor und umzingeln die Hexe und dann schimpfe ich ganz doll mit ihr.

Kasper Au ja, Weihnachtsmann. Eine gute Idee. Also Kinder: Verratet uns nicht. Psssst, ganz leise … *(sie verstecken sich)*.

4. Akt

Hexe *(betritt die Bühne und reckt sich)* Uahhh, habe ich gut geschlafen. Prima, dass ich den Schnuller gestohlen habe. Den gebe ich jetzt niiieee mehr her … *(Kinder rufen)* Was habt ihr denn, Kinder? Was? Was ruft ihr? Kasper! Pah, der ist weit weg …
(Kasper, Seppel und Weihnachtsmann kommen auf die Bühne gesprungen)

Kasper Falsch geraten, altes Schlappermaul. Endlich haben wir dich!

Hexe Hilfe, zu Hilfe! *(versucht wegzulaufen, aber die anderen versperren ihr den Weg)*

Seppel Schlapperdibix, da haben wir dich ja endlich! Warum hast du den Schnuller vom kleinen Jan gestohlen?

Hexe Gestohlen? Ich habe nichts gestohlen, stimmt's Kinder? *(Kinder)*

Weihnachtsmann Wenn du so gerne einen Schnuller haben möchtest, dann musst du das auf deinen Wunschzettel schreiben oder malen, und wenn du artig warst, bekommst du ihn vielleicht … Aber ein Schnuller ist sowieso nicht gut für die Zähne.

Hexe Zähne? Ich hab doch fast keine Zähne mehr! Die habe ich nämlich nie geputzt und ich hab auch immer ganz viel Süßes gegessen, hihi. Aber zu Weihnachten mal etwas geschenkt bekommen … das wäre schön … *(seufzt)*

Weihnachtsmann Dann musst du dir eben mal Mühe geben und eine liebe Hexe werden!

Hexe Eine liebe Hexe? Wie langweilig …

Kasper Entweder liebe Hexe … oder es gibt das nächste Mal Haue mit deinem Hexenbesen, wenn du noch mal etwas Böses anstellst.

Hexe Oh nein, bloß nicht hauen … *(kleinlaut)* Na gut. Dann versuche ich mal, wie es ist, lieb zu sein.

Seppel *(klatscht in die Hände)* Prima. Dann können wir zum Schluss ja alle zusammen ein Weihnachtslied singen und uns auf Weihnachten freuen. Singt ihr mit, Kinder?

Alle *(singen zusammen)* Ihr Kinderlein kommet, oh kommet doch all. Zur Krippe her kommet, in Bethlehems Stall. Und seht, was in dieser hochheiligen Nacht, der Vater im Himmel für Freude uns macht …

Kasper *(winkt)* Tschüss, Kinder. Frohe Weihnachten wünschen wir euch! Und schöne Geschenke. Und danke, dass ihr so gut aufgepasst und uns geholfen habt. Tschüss! *(winkt und geht ab)*

Seppel, Weihnachtsmann und Hexe Auf Wiedersehen, Kinder … *(gehen auch ab)*

1. Akt

(Kasper kommt auf die Bühne und singt)

Kasper Heute ist ein schöner Tag. Nur noch einmal schlafen – und wisst ihr, was dann für ein Tag ist? *(Kinder)*
Ja, richtig: Nikolaus!
Ich freu mich schon so, ihr auch? *(Kinder)*
Nun geh ich aber schnell nach Hause. Ich muss nämlich noch meine Schuhe putzen. Und wenn die ganz blitzeblank sind, stelle ich sie vor die Tür. Und bevor ich heute Abend ins Bett gehe, singe ich dem Nikolaus ein Lied, damit er auch in unser Haus kommt.
Das Lied habe ich schon die ganze Woche geübt. Kennt ihr es?
„Lasst uns froh und munter sein …" *(Kinder)*
Na prima. Die Kinder, die das Lied kennen, singen mit und die anderen können einfach mitsummen. Also, los geht's!

Lasst uns froh und munter sein
und uns recht von Herzen freun.
Lustig, lustig, trallalalala,
bald ist Nikolausabend da,
bald ist Nikolausabend da.

Das habt ihr aber schön gesungen, Kinder!
Heute Nacht, wenn ich schlafe, kommt sicher der Nikolaus und füllt heimlich die Schuhe mit herrlichen Sachen. Hm …
So, jetzt muss ich aber gehen, tschühüss … *(geht ab)*

Nikolaus *(hustet, ohne dass man ihn auf der Bühne sieht)*

Kasper *(kommt wieder auf die Bühne)* Nanu … Was war denn das für ein Geräusch? *(lauscht)* Das hört sich aber merkwürdig an. Potztausend! Stinkkäse und Pfefferstreuer! Ich habe ja gar nicht gemerkt, dass ich schon im Zauberwald bin.

Nikolaus *(niest, man kann ihn immer noch nicht sehen)* Haaatschii!

Kasper Das ist sicher der Räuber Stoppelbart. Na warte! Ich werde mich von hinten anschleichen und ihn überrumpeln. Seid ganz leise, Kinder, damit er mich nicht hört. *(geht ab)*

Nikolaus *(steht in einer Ecke, nur von hinten zu sehen, brummt etwas vor sich hin)*

Kasper *(leise)* Was redet der? *(kommt langsam näher)*

Nikolaus Noch ein bisschen davon ... und noch ein wenig hiervon ...

Kasper Aha! Ich glaube, ich erwische den Räuber gerade beim Stehlen! Es sieht so aus, als stopfe er alles in einen Sack. Na, dem werde ich's zeigen. *(leise)* Kinder, zählt ihr mit mir zusammen bis drei? Dann renne ich los und werfe den Räuber von hinten um. Eins – zwei – drei! *(rennt gegen den Nikolaus, der fällt um, jetzt ist auch ein Nikolaussack in der Bühnenecke zu sehen)*

Nikolaus *(jammert)* Ah, Himmel! Hilfe! Überfall!

Kasper *(stottert)* Aber – aber das ist ja gar nicht der Räuber Stoppelbart. Das ist ja der Ni-, der Ni-, der Nikolaus!

Nikolaus Oje! Au, aua! Mein Rücken! *(steht langsam auf)*

Kasper *(kleinlaut)* Ojemine, Herr Nikolaus. Das wollte ich nicht.

Nikolaus *(mit drohender Stimme)* Du Lauselümmel! Schämst du dich nicht, einen alten Mann einfach umzuwerfen?

Kasper Entschuldigung, Herr Nikolaus. Ich wusste ja nicht ...

Nikolaus *(ärgerlich)* Ach papperlapapp. Mach jetzt, dass du fortkommst und störe mich nicht bei der Arbeit. Ich habe noch viel zu tun. Bis heute Abend muss alles eingepackt sein.

Kasper Na ja, dann gehe ich eben. Vielleicht – vielleicht kann ich Ihnen ein andermal helfen, Herr Nikolaus.

Nikolaus Helfen? Du Bengel! Sei froh, dass ich dir nicht die Ohren lang ziehe!

Kasper Oh! Ich gehe ja schon! *(entfernt sich eilig)*

Nikolaus *(brummt wieder vor sich hin)* Und das kommt noch in den Sack und das ...
(Vorhang fällt)

2. Akt

(Vorhang geht wieder auf, die Hexe erscheint auf der Bühne)

Hexe Hi, hihihihi! Ich bin die Hexe Holterdipolter. Ich wohne hier im Zauberwald. Wisst ihr, wen ich eben gesehen habe? Den Nikolaus! Hier im Zauberwald. Er füllt seinen großen Sack mit Geschenken für die Kinder. Aber nur für die, die brav sind. Pah, so was Dummes. Brav sein ist doch langweilig. Ich bin lieber frech und ärgere die Leute und verzaubere sie. Hihihi! Doch weil ich immer so böse bin, bekomme ich nie etwas vom Nikolaus geschenkt. Darüber ärgere ich mich sehr. Und deshalb, hihi, werde ich dem Nikolaus einen Streich spielen und seinen Sack wegzaubern. Und alle lieben, braven Kinder werden morgen Früh sehr traurig sein, wenn ihre schön geputzten Schuhe leer sind. Hihihihi … *(geht weiter)* Ah, da hinten ist ja, der Nikolaus!

Nikolaus *(taucht auf einer Seite mit dem Sack wieder auf)*

Hexe Ich schleiche mich jetzt von hinten an und sage meinen Zauberspruch:
„Roter Sack und Huckepack,
Äpfel, Nüss und Mausespeck,
Nikolaussack, du bist weg."
(der Sack verschwindet)

Nikolaus Nanu? Wo ist denn mein Sack geblieben? Ja Blitz und Donner! Kinder, wisst ihr, wo mein Sack geblieben ist? *(Kinder)* *(Nikolaus dreht sich zur Hexe um und erschrickt)*

Hexe Hihihihihi! Das war ein schöner Streich, was? Die Kinder werden sich morgen Früh grün und blau ärgern. Hihihi … *(geht ab)*

Nikolaus Ojemine, ojemine! Die armen Kinder. Was mache ich jetzt bloß?

Kasper *(kommt auf die Bühne und singt)*

Lasst uns froh und munter sein und uns …

Hallo, Kinder! Da bin ich wieder. Ich bin so neugierig und möchte soooo gern wissen, was für Leckereien der Nikolaus in seinem Sack hat. Ich will nur einmal einen kleinen Blick reinwerfen. Ob der Nikolaus mir das wohl erlaubt? *(singt weiter)*

Lustig, lustig, trallalalala, bald ist Nikolausabend da, bald ist …

Nikolaus *(jammert)* Ojemine, ojemine!

Kasper Was ist das? Wer jammert denn da so laut?

(Kinder erzählen, was passiert ist)

Waas? Die Hexe hat den Nikolaussack weggezaubert? Ist das auch wahr, Nikolaus?

Nikolaus Ja, die Kinder haben die Wahrheit gesagt. Wo soll ich so schnell neue Geschenke herbekommen? Die Kinder warten doch auf mich!

Kasper Sei nicht traurig, Nikolaus. Ich hab doch gesagt: Wenn ich dir einmal helfen kann, dann helfe ich. Keine Sorge, der Kasper bringt das schon wieder in Ordnung. Ich hole nur schnell meinen Freund, den Seppel, und dann suchen wir die Hexe im Zauberwald.

Nikolaus Ach, du bist doch viel zu klein. Was willst du schon gegen die Hexe ausrichten?

Kasper Zipperlein und Erbsenknall, der Kasper, der hilft überall. So, bis nachher. Tschühüss … *(geht ab)*

Nikolaus Na, ich weiß nicht. Wenn das mal gut geht!

(geht auch ab)

3. Akt

(Seppel und Kasper kommen auf die Bühne; Kasper hält einen Sack)

Seppel Ach, Kasper, nun sind wir schon so weit gelaufen. Sind wir nicht bald am Hexenhaus?

Kasper Doch, Seppel. Siehst du's nicht? Da hinten zwischen den Bäumen ist das Haus. Komm, wir schleichen uns an und schauen durchs Fenster.

Seppel Ach, Kasper, ich fürchte mich ja so!

Kasper Sei kein Schlappschwanz, Seppel. Die Kinder sind doch auch bei uns. Nicht wahr, Kinder? *(Kinder)*
Die passen mit uns auf. Und nun komm. *(zieht ihn mit sich)*
So, hier ist das Haus. *(beide schauen durch das Fenster)*

Seppel Ich sehe die Hexe. Sie hat den Nikolaussack aufgemacht. Sie sagt etwas …

Hexe *(man hört nur ihre Stimme)*
Hihihi! Was für leckere Sachen in dem Sack sind: Äpfel, Nüsse, Plätzchen, Schokolade – und Marzipan! Hmm … Und alles ist diesmal für mich, hihi! Für mich ganz allein, hihihi!

Kasper Die Hexe will den Nikolaussack ganz für sich allein behalten. Na warte! Wir werden sie überlisten. Seppel, du kletterst hier auf den Baum und rufst immer:
„Huhu – huhu." Die Hexe wird dann neugierig und will wissen, wer draußen ist. Sie wird aus dem Haus kommen. Dann steige ich schnell durchs Fenster ins Haus und vertausche die Säcke. Bis die Hexe merkt, dass in ihrem Sack nur Steine sind, sind wir längst über alle Berge – mit dem richtigen Nikolaussack, ha, ha! Also los und sei ganz leise.
(Kasper geht in eine Ecke der Bühne; Seppel klettert am Rand hoch und ist nicht mehr oder nur zum Teil zu sehen)

Seppel Huhu! Hallo, du alte Waldhexe! Wo bist du?

Hexe *(man hört nur ihre Stimme)* Nanu? Da ruft mich doch jemand?

Seppel Haaalloo! Hexe Holterdipolter! Hexe Kolterdimolter!

Hexe He, wer ruft mich da? Ich heiße Holterdipolter, merk dir das!

Seppel Hexe Dummeldigrummel, komm doch mal raus! Du traust dich wohl nicht?

Hexe So eine Unverschämtheit! Na warte, ich komme!

Seppel Hallo, du alte Wetterhexe, Vetterhexe, Meckerhexe …

Hexe Waaas? Na warte, wenn ich dich erwische! Ich werde dich in einen Kartoffelkäfer verzaubern!

Seppel Hihi! In einen Pantoffelkäfer? Au fein! Dann krieche ich in deine Pantoffeln und zwicke dir in den dicken Zeh. Hexe Warzennase – Osterhase …

Hexe Ohhh! Jetzt reicht's aber. Na warte … *(erscheint auf der Bühne)* Wo bist du, kleiner Wicht? Ich werde dich zermalmen wie eine Laus!

Kasper *(hinter ihrem Rücken)* Pssst! Ganz leise, Kinder. Nichts verraten. Ich hole jetzt den Nikolaussack. *(geht ab)*

Hexe Kinder, sagt mir doch, wo der freche Kerl ist, der mich so geärgert hat. Wo ist er? Waaas? Ihr wollt es mir nicht sagen? Ihr seid freche, böse Kinder.

Kasper *(erscheint wieder mit dem Sack; leise)* Seppel, komm schnell vom Baum herunter. Ich habe den Sack für den Nikolaus. Komm, wir laufen schnell weg! *(gehen ab)*

Hexe Ich kann niemanden sehen! Dann gehe ich eben wieder ins Haus und hole mir etwas von den vielen Süßigkeiten aus dem Nikolaussack. *(geht auch ab – und kommt kurz darauf schimpfend mit dem anderen Sack zurück)* Oh, sapperlot, Schweineschmalz und Wanzendreck! Die Leckereien sind weg und stattdessen – lauter Steine! Das waren sicher der Kasper und der Seppel. So eine Unverschämtheit! Ojemine! Ich arme Hexe. Nun bekomme ich dieses Jahr wieder nichts zum Nikolaus. Was meint ihr, Kinder: Kriege ich wohl nächstes Jahr etwas, wenn ich verspreche, eine ganz, ganz liebe Hexe zu werden? *(Kinder)* Hach! Aber es ist so furchtbar schwierig, lieb zu sein. *(geht ab)*

4. Akt

(Kasper und Seppel gehen trällernd durch den Wald, Kasper hält den Sack in der Hand)

Kasper und Seppel *(singen)*
Lustig, lustig, trallalalala,
bald ist Nikolausabend da.

Seppel Komm, wir beeilen uns, damit der Nikolaus rechtzeitig seinen Sack wiederbekommt …

Kasper … und die Kinder morgen Früh, wenn sie aufwachen, auch alle etwas in ihren Schuhen oder auf ihrem Teller haben.

Seppel Ja. Der Nikolaus wird sich bestimmt riesig freuen, dass wir ihm geholfen haben.

Kasper Und die Kinder auch. Wisst ihr was, Kinder, wir singen jetzt alle zusammen das Nikolauslied. Der Nikolaus wird unseren Gesang dann schon von Weitem hören und uns entgegenkommen. Also, singt ihr alle mit? *(Kinder)*

Kasper und Seppel *(singen)*
Lasst und froh und munter sein
und uns recht von Herzen freun.
Lustig, lustig, trallalalala,
bald ist Nikolausabend da.

Dann stell ich den Teller auf,
Niklaus legt gewiss was drauf.
Lustig, lustig, trallalalala …

Wenn ich schlaf, dann träume ich,
jetzt bringt Niklaus was für mich.
Lustig, lustig, trallalalala …

Das habt ihr aber schön gesungen, Kinder! Jetzt müssen wir leider gehen. Tschüss, bis zum nächsten Mal!
(gehen ab)

Spielhinweise
Das Stück ist für zwei Spieler gedacht, kann aber auch von einem Spieler aufgeführt werden, da meistens nur zwei Puppen auf der Bühne sind.

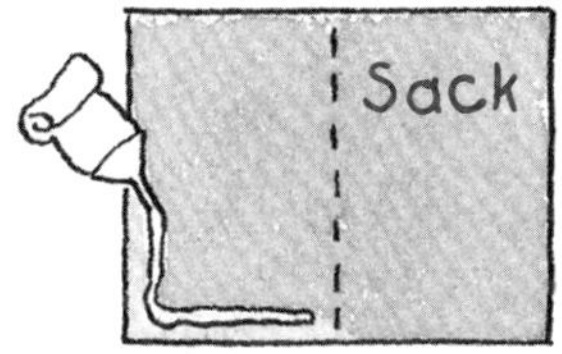

Zu den Puppen
Wer keinen Nikolaus hat, kann auch eine andere Handpuppe entsprechend verkleiden. So näht man einen Nikolausmantel:

Stoff für den Umhang zurechtschneiden, am oberen Rand einen Faden durchziehen, mit dem der Umhang zusammengezogen und festgebunden wird.

Aus dem Stoff ein Rechteck ausschneiden, als Kapuze zusammenkleben und am Mantel festkleben. Aus Watte die Augenbrauen und einen langen Bart mit Klebeband ankleben.

Der Nikolaussack wird aus Stoff oder Jute ausgeschnitten, am Rand zusammengeklebt und mit Watte ausgestopft. Zum Schluss mit einer Kordel zubinden.

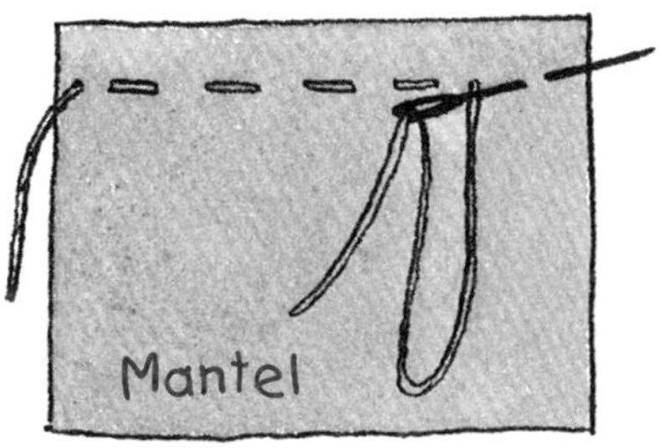

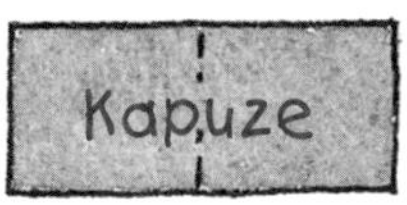

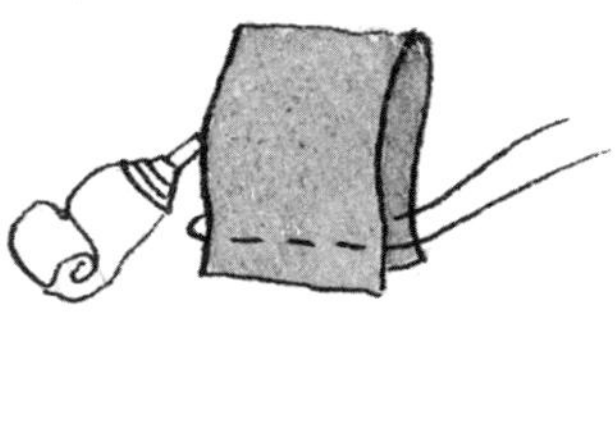